KB253506

나를 키우는
다섯가지 비밀

나를 키우는
다섯가지 비밀

2010년 7월 12일 초판 1쇄 인쇄
2010년 7월 19일 초판 1쇄 발행

지은이 | 이태복
펴낸이 | 이종춘
펴낸곳 | BM성안당
주소 | 경기도 파주시 교하읍 문발리 출판문화정보산업단지 536-3
전화 | 031-955-0511
팩스 | 031-955-0510
등록 | 1973.2.1 제13-12호
홈페이지 | www.cyber.co.kr

ISBN 978-89-315-7476-0 13000
정가 12,000원

이 책을 만든 사람들
기획 · 진행 | 정연재
교정 · 교열 | 안종윤
표지 · 본문 디자인 | 최효수
홍보 | 박재언
제작 | 구본철

이전과 다르게 산다는 것의 의미와 이전과 다르게 살기 위한 실천적 방법

나를 키우는 다섯가지 비밀

Five Principles of Successful People

이태복 지음

BM 성안당

　나는 이 책에서 이전과 다르게 산다는 것이 어떤 의미인지 그리고 그렇게 살기 위해 어떻게 해야 하는지를 담고 싶었다.

　다양한 아이디어를 얻기 위해 많은 사람들을 만나 대화를 나누었다. 그들이 기꺼이 내준 소중한 아이디어가 있기 때문에 이 책을 완성할 수 있었다. 그들 모두에게 감사한다. 또한 언제나 나를 자극해주는 최명숙 박사도 고맙고, 책을 완성하도록 옆에서 조용히 격려를 해주는 가족에게도 감사한다.

　끝으로 나를 믿고 이 책을 망설임 없이 출판하기로 결정한 성안당의 이종춘 대표에게 깊은 감사를 드린다.

2010년 여름, 이 태 복

들어가는 말

어느 날 강연을 끝내고 찾은 서점에서 어렸을 적 읽은 루이스 캐럴의 '거울나라 엘리스' 라는 책을 보게 되었다. 옛 기억을 되살려 봤지만 주인공인 엘리스가 나이 어린 작은 소녀였다는 것만 어렴풋하게 기억날 뿐이었다. 나는 호기심에 책을 들고 앞뒤로 이리저리 살펴보다 어린 시절 읽은 동화를 지금 다시 읽으면 어떤 느낌이 들까 싶어 책장을 한 장씩 넘기기 시작했다. 한참을 읽어 내려가다 재미있는 한 대목을 찾았다.

거울 나라는 엘리스가 살았던 나라와는 반대의 나라다. 엘리스는 우연히 거울나라로 가게 되었다. 어느 날 엘리스는 달린다. 그러나 앞으로 나아가지를 않는다. 옆에 있는 여왕에게 묻는다.

"나는 달리는데 왜 앞으로 나아가지를 않나요?"

여왕은 답한다.

"지금 우리가 있는 나라는 네가 살았던 나라와는 다르단다. 여기는 네가 뛸 때 주위 환경도 함께 달린단다. 네가 앞으로 나아가기 위해서는 지금보다 두 배로 달려야 한단다. 그래야 앞으로 나아갈 수 있지."

우리가 지금 살고 있는 세상은 엘리스의 거울나라와 같다. 지식, 정보와 기술 발전의 속도는 삶의 방식을 순식간에 바꾸어 버린다. 그래서 이전에 알고 있던 우리의 방식은 짧은 시간 후에 옛것이 되고 만다. 이런 세상에서 앞서가려면, 아니, 최소한 적응해 가려면 이전과는 다른 마음가짐과 다른 방식으로 살아야 한다.

나는 수많은 사람들을 만나 대화를 하면서 새로운 마음가짐과 삶의 방식이 무엇이어야 하는지 답을 얻었다. 이 답을 다섯 가지 원칙으로 정리를 했고 '성공의 펜타곤'이라고 이름을 붙였다.

첫 번째 원칙은, 말랑말랑한 사고를 하는 것이다. 이것은 오픈되고 유연한 사고를 하라는 것이다. 껍질이 너무 단단해서 자신과 다른 생각이나 새로운 정보나 아이디어를 흡수하지 못하면 새로운 아이디어를 꽃 피울 수 없다.

두 번째 원칙은, 다양한 네트워크를 만들어 밖의 지혜를 배워 자신에게 활용하는 것이다. 밖에는 무수히 많은 좋은 아이디어들이 넘실대고 있다. 이런 지혜를 가진 사람들과 끈을 맺어 그들을 활용할 수 있다면 비약적으로 성장할 발판을 마련할 수 있다.

세 번째 원칙은, 긍정적으로 생각하는 힘을 기르는 것이다. 생각에는 자기실현성이 있다. 즉, 생각한 대로 된다는 의미이다. 우리가 평소 어떤 생각을 가지고 있는가에 따라 그 사람의 삶이 결정된다. 운동을 꾸준히 하면 몸에 알통이 생긴다. 생각도 하면 할수록 알통처럼 자란다. 알통처럼 자란 생각의 힘은 아무리 어려운 문제를 만나도 거칠 것이 없어진다. 거뜬히 그 문제를 해결한다.

네 번째 원칙은, 향기로운 마음을 갖는 것이다. 다른 사람들에게 관심을 갖고 배려하고 사랑하는 인간미를 갖추어야 한다는 말이다. 아무리 실력이 뛰어나도 인간미가 없으면 그 사람에게서는 매력을 느끼지 못한다. 인간미라는 향기를 풍기는 사람을 만나면 마음이 넉넉해진다. 왠지 기분이 좋아진다. 그러한 향기는 옆 사람에까지 전염이 된다. 이런 마음은 우리 모두를, 그리고 세상을 행복하게 만든다.

다섯 번째 원칙은, 학습 지대에 머무르는 것이다. 세상이 빠르게 변화하는 것만큼 현재의 실력과 경쟁력은 한순간에 불과하기 때문에 끊임없는 학습을 통해 자신을 단련하고 발전시켜야 한다는 뜻이다. 세상이 변화하는 속도가 내가 변화하는 속도보다 훨씬 빠르다면 내가 있을 자리는 점점 좁아질 수밖에 없다.

이 책은 이 원칙들이 왜 중요한지, 그리고 어떻게 이 원칙들을 실천할 수 있는지를 담고 있다.

말랑말랑한
사고를 하라

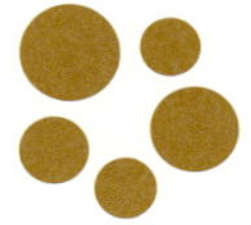

그리스 신화를 보면 흉악무도한 노상강도 프로크루테스 이야기가 나온다. 프로크루테스는 길 가는 나그네를 잡아다가 자신이 만들어놓은 쇠침대에 눕힌 다음, 키가 쇠침대보다 크면 잘라서, 작으면 늘려 죽인 다음 재물을 빼앗았다. 그의 악명은 그리스 전역을 덮었지만 그의 악행을 막을 수 있는 자가 없었다. 그러나 그는 테세우스에 의해 자신이 만든 침대에서 똑같은 방법으로 최후를 맞이했다.

우리들도 자신만의 '프로크루테스 침대'를 만들어 놓고 있다. 자신이 답이라고 생각하는 틀을 만들어 놓고 거기에 딱 맞지 않으면 상대를 무시하거나 다툼을 벌인다. 하지만 현대 사회는 나 스스로는 따라잡을 수 없는 속도로 빠르게 변화하고 있다. 그 빠른 변화에 대처하기 위해서는 주변의 환경을 잘 이용해야 한다. 세상의 모든 사람들은 아주 다양한 생각을 가지고 스스로를 변화시키고 있다. 내가 생각하지 못한 것들을 자신들의 지식으로 만들면서 말이다. 급변하는 현시대는, 이와 같은 현실을 인정하고 다양한 사람들이 만들어내는 정보를 내 것으로 만드는 기술이 필요한 때다.

일을 하다보면 크게 두 가지 스타일의 사람이 있다. 첫째는 다른 사람들의 의견이나 아이디어는 무시하고 오로지 자신만의 방법을 고집하는 사람이다. 둘째는 여러 사람들의 의견을 모아 그 가운데 가장 효율적인 답안을 가지고 일을 처리하는 사람이다.

당신이 조직의 리더라면 두 스타일 중 어떤 스타일로 일을 하겠는가?

"안녕하십니까, 이 박사님!"

모 대기업의 인력개발원장으로 일하고 있는 임원으로부터 연락을 받았다. 그는 직원들에게 '사고의 유연성'이라는 주제로 강의를 해 줄 수 있는지 물었다. 나는 그에게 왜 그런 주제의 강의를 준비하는지 그 배경에 대해 물었다.

"아시다시피 우리 회사에는 어렵게 관문을 뚫고 들어온 나름 최고의 인재라고 하는 사람들이 모여 있습니다. 이렇게 똑똑한 사람들이 모여서 일을 하면 서로의 모습을 보면서 배우고, 또한 그 새롭게 배운 것을 회사 업무에 적용하여 시너지 효과를 냈으면 하는 것이 회사의 바람인데 도통 그런 노력들을 하지 않습니다. 이미 자신이 최고며, 충분히 많이 알고 있다는 생각 때문인지 도대체 바깥세상이 어떻게 돌아가고 있는지에 별 관심이 없고 새로운 지식이나 아이디어가 있어도 받아들이려 하질 않아서 무척 답답합니다. 이런 사고방식을 바꾸는데 도움을 주고 싶습니다."

나 역시 지금까지 강의와 컨설팅을 하면서 가장 아쉽게 생각했던 점이 바로 이것이었다. 교육에 참가한 직원들은 대부분 뛰어난 역량을 갖춘 사람들이다. 하지만 그들의 사고방식 때문에 좌절하는 경우가 종종 있다. 자신들이 모르는 새로운 지식이나 아이디어, 방법 등에 대해 제안을 하면 이러저러한 이유로 '그것은 틀리다, 나하고는 관계가 없다'라고 결론내리고 튕겨 내기 때문이다. 마치 자신만의 쇠침대를 만들어 놓고 침대의 크기와 맞지 않으면 모든 것이 잘못되었다고 보는 노상강도 프로크루테스와 같다.

나는 그 임원이 부탁한 강의에 '말랑말랑하게 생각하라!' 라는 제목을 붙였다. 강의 요지는 이렇다. 스스로를 딱딱하게 만들어 외부의 정보를 무조건 튕겨내는 것이 아니라 자신을 부드럽게 만들어 외부의 정보를 흡수, 융화시켜 새로운 것을 만들어 낼 수 있는 마인드를 가지자는 것이다. 아무리 좋은 지식이나 아이디어가 있어도 사고가 경직되어 있으면 받아들이질 못한다. 자기주장만 옳다고 고집하는 딱딱함 속에서는 새로움이 싹트지 못하고 편협한 사고라는 골에 빠지기 십상이다. 자신이 알지 못하는 것, 이상해 보이는 것이라도 언제나 오픈 마인드로 수용할 수 있는 자세가 필요하다. 나는 이런 말랑말랑한 사고가 모든 것의 기본이라고 생각한다. 문제는 우리가 말랑말랑한 사고에 익숙하지 않다는 것이다. 말랑말랑한 사고를 하지 못하는 이유는 무엇인가?

첫째, 오만함

18세기 영국의 여류작가 제인 오스틴(Jane Austen)의 소설

『오만과 편견』을 보면, 주인공 다르시의 오만과 엘리자베스의 편견은 두 사람의 관계를 어렵게 만든다. 엘리자베스는 청년 다르시를 처음 만난 순간부터 그의 태도에서 오만하고 자기 자신만이 제일 잘났다는 듯 다른 사람의 감정을 묵살해 버리는 이기주의자라는 인상을 받는다. 이런 생각이 증폭되면서 다르시를 만날 때마다 더 큰 증오를 쌓는다. 오만은 이렇게 주위 사람이 다가오는 것을 어렵게 만든다.

만약 내 주위의 사람들이 나에게 접근하기를 어려워한다면 내가 오만하지 않은가를 먼저 생각해야 될 것이다. 오만의 표본이 되는 사람이 있다. 표정이 무뚝뚝하고 권위의식에 사로잡혀 있으며 목소리 또한 상대방을 깔아뭉개는 듯한 말투를 지닌 사람이다. 업무 추진을 위해 다른 팀의 사람이 그 팀의 팀원과 대화를 나누어도 먼저 자신에게 찾아온 배경이 무엇인지, 팀원 중 누구를 만나서 어떠한 이야기를 나눌 것인지에 대하여 보고하지 않았다고 팀원을 불러놓고 혼쭐낸다. 그러한 상사를 곁에 두고 있는 팀원들은 그 사람과의 대화를 꺼리기 때문에 떨어진 곳에서 이야기를 하게 되고 함께하는 자리가 있어도 어려워 말을 섞지 않는다. 자신을 한번 돌아보자. 혹시 나도 모르게 상대방을 얕잡아보고 성의 없게 말하지 않았는가? 상대방이 먼저 인사하기 전까지 인사를 하지 않은 적이 있는가? 마음에 안 드는 사람과는 말 섞는 것을 피하지 않았는가? 이러한 성향은 직간접적으로 자신을 밖으로 드러내어 다른 사람들이 다가서기 어렵게 만든다. 내가 남보다 잘났다는 오만은 이렇듯 다른 사람들과의 교류를 통해 새로운 것을 받아들일 수 있는 기회를 차단해 버린다.

둘째, 잘못된 직관

심리학자 마이클 맥클로스키(Michael McCIoskey)는 대학생들에게 평평한 곳에 놓여 있는 구부러진 관 모양의 그림 A를 보여주었다. 그런 뒤 학생들에게 물었다. 이 관에 금속 공을 집어넣고 아주 빠른 속도로 쏘면 그 금속 공이 관을 벗어나 어떤 궤적을 그릴지를 물었다. 학생들의 답은 놀라웠다. 물리학을 공부하지 않은 학생의 49%가 공이 그림 C처럼 금속관의 모양을 따라 날아갈 것이라고 대답했다. 물리학을 공부한 학생의 19%도 같은 답을 했다. 하지만 이는 틀린 답이다. 정답은 그림 B처럼 일직선으로 날아간

다. 더욱 재미있는 것은, 답을 그림 C처럼 틀리게 말한 학생들은 자기 나름대로 그럴 듯한 이론을 가지고 설명했다는 것이다. 이처럼 사람들은 잘못된 직관을 가지고 자신이 맞다고 생각하는 경우가 많다. 이런 이야기는 학생들에게만 국한 되지 않는다. 이 그림을 회사의 임원, 부장 그리고 사원에 이르기까지 여러 사람에게 보여 주었다. 의외로 그림 C처럼 날아간다고 답한 사람들이 많았다. 이들 역시 자신만의 멋진 논리를 가지고 자신의 답이 옳다고 주장했다. 자신이 많이 안다는 생각 때문에 자신의 직관이 잘못 되었다는 것을 알지 못한다. 이렇게 어설픈 지식에 의해 생긴 잘못된 직관이 굳어지면 다른 사람의 의견을 받아들이지 못하게 된다.

셋째, 증거 무시

일본의 진주만 공격이 일어나기 전, 미국 태평양함대 총사령관 허즈밴드 키멀(Husband Kimmel) 제독은 본국으로부터 일본이 공격해 올 가능성에 대해서 숱한 연락을 받았다. 그러나 그는 이런 정보들을 깡그리 무시했다. 특히 진주만 공격이 일어나기 하루 전날에 수석 정보장교로부터 긴박한 보고를 듣는다.

"사령관님! 일본의 항공모함의 위치가 잡히지 않습니다. 벌써 여러 날 동안 그들의 전파 신호를 포착할 수 없습니다."

이 정보는 일본이 곧 진주만을 공격할 것이라는 확실한 정보였다. 그러나 키멀을 보좌하고 있는 부하들은 이런 보고에 대해서 사령관을 안심시켰다.

"사령관님! 일본군은 절대로 진주만을 공격하지 못할 것입니다. 그들은 지금 아시아 여러 지역에서 전쟁을 하고 있는데 그것을 멈추고 진주만을 절대로 공격하지 못할 것입니다."

이 말을 듣고 사령관은 안심했다. 더 나아가 진주만 공습 1시간 전에 더 긴박한 정보가 들렸다. 일본 잠수함 1척이 진주만 근처에서 발견되었다는 경비대 장교의 보고를 받았다. 이 같은 사실을 알

고도 키멀은 대응행동에 나서지 않았다. 그 결과 1941년 12월 7일
은 미국 역사에 있어서 치욕적인 날이 되었다.

이 사례에서처럼 우리는 내가 가진 믿음이나 생각과 다른 것을
보면 애써 무시하는 경향이 있다. 자신이 맞다고 철석 같이 확신한
다. 지나친 자신감은 미래의 독이 될지도 모른다. 앨빈 토플러는
『부의 미래』에서 무용지식[Obsoledge]을 이야기 했다. 이는 무용
한[Obsolete]과 지식[Knowledge]을 합해 만든 단어다. 지식의 발
전 속도가 빛과 같은 속도로 빠른데, 굳어버린 사고의 틀을 가진
우리들은 아직도 의미가 없어진 지식을 꼭 움켜지고 있으면서 어
디선가 그것이 맞다고 우기고 있을지도 모른다.

넷째, 내가 하면 로맨스 남이 하면 불륜

미국의 최근 연구에 따르면 청소년들이 성인보다 교통사고를
낼 확률이 40% 정도 높다고 한다. 거기에 청소년 1명이 동승하면
사고가 날 확률은 그 보다 2배가 올라가고, 2명의 청소년이 동승
하면 사고율은 또 2배로 뛴다고 한다.

주된 이유는 과속과 과격한 운전이다. 이에 대해 재미있는 설

문 조사 결과가 있다. 남자 39명, 여자 31명, 총 70명의 청소년에게 물었다. '왜 그렇게 운전을 위험하게 합니까?', '친구들이 위험하게 운전을 하는 이유는 무엇이라고 생각합니까?' 그 결과는 어떠했을까?

주위에서 자주 듣는 이야기 중 하나는 '내가 하면 로맨스, 남이 하면 불륜'이라는 말이다. 이와 같이 직접 자신이 행위자일 때와 다른 사람이 그 행위를 하고 있는 것을 관찰 할 때와는 판이하게 해석이 다른 면이 많다. 대부분 입장차에 따라 같은 행동을 보고 서로 다르게 해석하는 경우가 다반사이지만, 위의 설문 조사 결과에서도 비슷한 결과가 나왔다. 친구들이 속력을 내며 위험하게 운전을 하는 것은 '다른 사람에게 보여주기 위한 것'이라는 답변이 많았다. 반면 자신에 대해서는 '너무 급한 용무 때문에'라는 답변이 많았다. 이를 자세히 살펴보면 친구의 위험한 운전에 대해서는 그 이유를 친구들의 성품이나 태도와 같은 내부적인 성향으로 돌리면서, 자기 자신에 대해서는 시간 약속 등과 같은 어쩔 수 없는 외부적인 상황의 탓으로 돌린다는 점이다.

오만함과 잘못된 직관, 애써 증거를 무시하려는 경향 그리고 내가 하는 것은 뭐든지 아름답게 보려는 사고방식이, 말랑말랑한 사고를 방해하고 편협함에 빠지게 하는 주범이다. 말랑말랑한 생각은 어떻게 할 수 있는가?

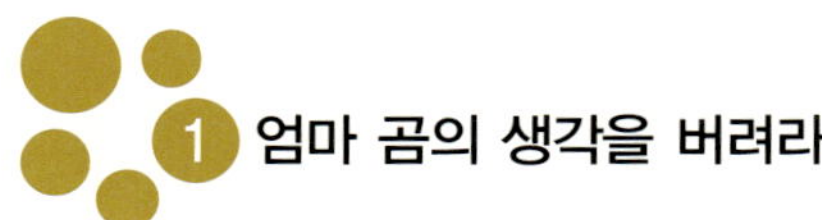

1 엄마 곰의 생각을 버려라

톨스토이가 쓴 글 중에서 '엄마 곰과 새끼 곰' 이야기가 있다.

산자락 한가운데 빈터에 커다란 소나무 한 그루가 있었다. 옆으로 자란 나뭇가지에는 마치 그네처럼 통나무가 밧줄에 매달려 있었다. 그 통나무 밑에는 꿀이 가득 담긴 나무 그릇이 놓여 있었다. 이것을 본 숲 속의 엄마 곰은 새끼 곰과 함께 내려왔다. 엄마 곰은 코를 처박고 꿀을 먹기 시작했다. 그런데 나뭇가지 아래로 내려져 있는 통나무 때문에 편안하게 꿀을 먹을 수 없었다. 이에 통나무가 거슬린 엄마 곰은 통나무를 한쪽으로 쳐냈다. 이 통나무는 오른 쪽으로 올라갔다 내려오면서 새끼 곰을 내리쳤다. 새끼 곰은 통나무에 맞아 크게 다쳤다. 이를 보고 더욱 화가 난 엄마 곰은 더 세게 이 통나무를 쳐냈다. 높이 오른 통나무는 아까보다 더 강한 힘으로 새끼 곰을 때려 그만 새끼 곰은 목숨을 잃었다. 이에 화가 난 엄마 곰은 죽을힘을 다해 통나무를 다시 쳐냈다. 그러나 그전보다도 더 높이 올라간 통나무는 엄마 곰을 강하게 내리쳤다. 그러고는 엄마 곰마저 통나무에 맞아 죽고 말았다.

아무런 영문도 모른 채 세상을 떠난 새끼 곰과 자기의 잘못을 깨닫지 못한 엄마 곰의 비참한 모습을 보고 무엇을 느낄 수 있을까? 아마 엄마 곰은 새끼 곰을 다치게 한 것이 자신이 아니라 통나무 때문이라고 믿었을 것이다.

근본적으로 따지고 보면 세상사 가운데 자신이 자초한 일이 많다는 것을 생각하게 된다.

한 회사에 다니는 과장이 찾아왔다. 그는 자신이 현재 회사에서 겪는 어려움을 털어 놓았다. 부서장이 올해부터 자신에게 관심을 두지 않는다는 것이다.

"그래서 요즈음 회사 갈 맛이 나지 않습니다. 올 초 다른 부서에서 대리가 새로 왔는데 부서장이 그 대리만 신경 쓰고 업무도 그에게만 집중적으로 가르치는 인상을 받아요. 상황이 그러니까 괜히 다른 부서원들도 함께 미워지네요."

"최근에 부서장의 관심사가 무엇인가요?"

나는 그에게 이런 질문을 했다. 그는 부서장의 관심사를 자세히 설명했다. 그의 설명이 끝나자 나는 그에게 그런 부서장의 관심사를 위해서 얼마나 공부했으며, 관련 정보를 부서장에게 얼마나 물어다 주었는가를 물었다. 그는 특별히 하는 것이 없다고 했다. 그냥 하던 대로 한다는 것이다. 헤어질 무렵 그에게 한 가지 조언을 했다.

"다음 주부터 부서장이 관심이 있는 정보를 정리해서 갔다 줘 보세요. 다시 옛날의 사랑을 받을 수 있을 거예요."

얼마 후, 그에게서 연락이 왔다. 요즈음 회사 생활이 너무 재미있다는 것이다. 이처럼 문제가 생겼을 때, 그 원인을 먼저 나로부터 찾지 않고 다른 사람을 손가락질만 한다면 해법은 없다. 나는 가만히 있고 상대가 바뀌기를 기대해서는 그 어떤 것도 변하지 않기 때문이다.

어느 날 한 선배를 만났다. 그는 이혼 후 방황하다 마음이 맞는 여성을 만나 3년째 동거하고 있었다. 그러던 어느 날 그 여성이 생명의 위협을 받을 만한 매우 위험한 큰 수술을 했다. 그녀는 선배를 만나기 전부터 가입해 놓은 보험이 있었는데 그 사실을 선배에게 알려주지 않았다.

선배는 그녀의 보험에 대해서 아무 것도 알지 못했다. 그녀는 수술을 앞두고 보험 수혜자를 자신의 동생으로 해놓았다. 나중에 우연히 이 사실을 알게 된 선배는 서운함과 동시에 자신을 믿지 못한다는 배신감까지 느꼈다. 그러나 선배는 입장을 바꿔서 생각했다.

'나라도 그녀가 아니라 내 아이를 수혜자로 했겠지.'

이렇게 엄마 곰의 생각을 버리고 상대방을 원망하지 않으니까 상대방의 입장을 더 잘 이해하게 된 것이다. 자신의 잣대로 상대를 평가하는 것이 아니라 상대방의 입장에서 생각하고 있는 것이다.

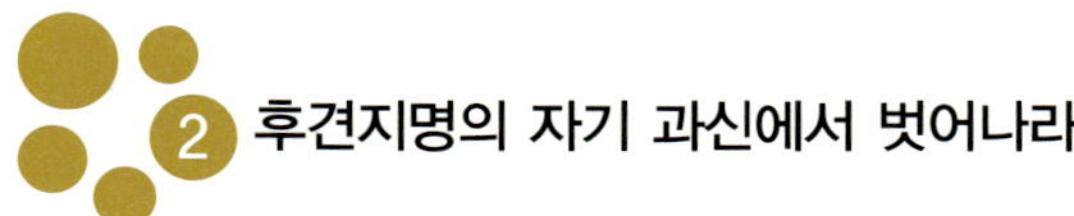

2 후견지명의 자기 과신에서 벗어나라

어느 해 봄날, 한 여자가 남자를 소개 받았다. 소개해 준 사람 말로는 그 남자는 돈도 많고 아주 유능하다고 했다. 첫 번째 만남에서 남자 역시 그녀를 마음에 들어 했다. 그 후 남자는 여자의 마음을 사로잡기 위해 최선을 다했고 그녀가 좋아하는 것은 알아서 챙겨주었다. 그녀도 그 남자가 그렇게 싫지는 않았는지 만남을 계속 이어갔다. 시간이 지나고 두 사람은 결혼에 대해 이야기가 오갈 만큼 가까워졌다. 그러나 여자는 남자의 약간 찜찜한 부분이 마음에 걸렸다. 어느 날 남자가 여자에게 자신이 양복을 사야 하는데 주말에 같이 가서 골라달라고 하더니 막상 주말이 되자 백화점 가자는 이야기는 없던 일이 되어 버리고, 또 다른 날은 큰 집으로 옮겨야 할 것 같다며 같이 부동산을 다녀보자고 하더니 그 역시 말로만 그치고 말았다. 이런 일들이 계속 반복되자, 그가 평소 얘기했던 대로 진짜 집도 있고 모아 놓은 돈도 있다는 말이 정말일까 하는 의구심이 들기 시작했다. 그래서 이를 확인하기 전까지는 부모님에게 인사시키지 않기로 했다.

남자의 쉰소리는 계속 이어졌다. 자신이 당장 끌어 모을 수 있는 현금이 10억 정도 된다, 부모가 물려준 땅이 있는데 개발이 들어가면 큰돈을 벌 수 있을 것이라는 둥, 한참 자랑을 해댔다. 그러나 시간이 지나면서 그 남자의 말들이 모두 거짓인 게 드러났다. 실제 그 남자의 전 재산은 현재 살고 있는 작은 아파트의 전세 보증금이 다였다. 이 둘은 헤어졌다. 이 여자는 뒤늦게서야 이 남자를 만난 것을 후회하면서 이렇게 말했다.

"그래 맞아! 내가 그럴 줄 알았어. 처음부터 돈이 없을 줄 알았지. 몰고 다니는 차도 고물이었고, 입고 다니는 옷도 후줄근했어. 거짓말로 돈이 많다고 나를 속이는 줄 알았지!"

이 여성과 같이 실제로는 제대로 알지 못했으면서도 '내가 그럴 줄 알았지' 하는 것과 같이 결과를 알고 난 후 이를 처음부터 예상했던 것처럼 확신하는 현상을 '후견지명 효과' 라고 한다. 우리는 지나간 일에 대해서는 2.0의 시력을 가진다. 그 만큼 자신이 잘 알아맞힐 수 있다는 과신에 사로잡히는 경우가 많다. 자신에 대한 이런 과신은 우리가 인생을 살아가는데 힘을 주기도 하지만 잘못된 길로 빠지게 하는 경우도 많다. 위의 여성은 이런 사건이 있은 후에 남자를 만날 때 훨씬 조심스러워졌다. 이 여성의 주위의 사람들은 예전부터 그 남자를 만나지 말라고 충고 했다. 그러나 그녀는 이런 주위의 말을 듣지 않았다. 만일 주위의 말에 한 번이라도 귀를 기울였다면 이런 일은 생기지 않았을 것이다.

3 까칠한 똑똑이는 곤란하다

오늘은 8주간의 교육 중, 중간이 되는 날이다. 전반기 4주간의 교육을 마치고 앞으로 후반기 4주간의 교육이 다시 시작되는 날이다. 후반기 교육은 팀별 학습이다. 보통 팀은 다섯 명 정도로 구성이 되는데 이때 어떻게 하면 팀을 잘 구성하여 팀에게 맡겨진 프로젝트도 잘 수행하고 또한 팀원들이 즐겁게 학습할 수 있게 만들까를 항상 고민하게 된다. 그래서 먼저 팀에게 자율적으로 팀원을 선택할 수 있는 기회를 주기로 했다. 그리고 그 과정을 수십 차례 관찰했다. 그 중에서 특히 팀원들이 어떤 유형의 사람을 자기와 함께 활동할 멤버로 선택하는가를 유심히 관찰했다. 이를 쉽게 볼 수 있는 방법을 생각했다. 교육에 참여하는 전체 참가자들을 교실 뒤에 서게 한다. 그 뒤 심지를 뽑아서 각 테이블에 한 명씩 앉게 한다. 그 다음에 테이블에 있는 사람들이 뒤에 서있는 사람들을 보고 한 명씩 그 이름을 종이에 써서 제출하면 그 사람이 그 팀의 멤버가 되는 것이다. 중복된 경우는 그 사람들끼리 별도 협의를 거친다. 맨 나중에 뽑히는 사람들은 자존심의 문제가 있을 수도 있기 때문에 사전에 양해를 얻었다. 사람들은 대개 자신을 과대평가하는 경향이 있기 때문에 초장에 자신이 쉽게 뽑힐 것으로 생각해서 그런지 이런 방법에 대해서 부담을 갖는 경우는 없었다.

어떤 유형의 사람들이 첫 번째 낙점을 받았을까?

한결같이 그들은 능력 있고 호감 가는 사람들이었다. 맨 나중에 선정되는 사람들은 이와 반대였다. 이들은 능력도 없고 호감도 가지 않는 아주 까칠한 사람들이었다. 그런데 개인적으로 흥미를 가졌던 부분은 '까칠한 똑똑이(능력은 뛰어 나지만 아주 까칠한 사람)' 와 '사랑스런 바보(능력은 떨어지지만 호감이 가는 사람)' 중에서 어떤 사람이 먼저 팀원으로 뽑히느냐였다. 먼저 뽑힌 팀원들은 후자를 택했다. 능력이 좀 떨어지지만 타인과 온도 차가 나지 않는 사람들을 선택한 것이다. 이들은 팀에 웃음을 주고 얼굴이 언제나 밝다.

이런 결과를 지켜보면서 의아한 점이 많았다. 보통 사람들은 팀원을 뽑을 때 능력이 최우선이며 나머지는 그 뒤의 문제라고 곧잘 이야기한다. 그러나 실제는 능력보다 호감이 가는 사람을 선정하는 모습을 보이는 경우가 많다. 예를 들어 교육에 참가한 사람 중에 박까칠 과장이 있다고 하자. 그는 다방면에서 뛰어난 역량을 가지고 있고 팀이 맡을 과제에 대해서도 정통한 사람이다. 그런데 다른 사람들이 접근하기에는 너무도 먼 당신이다. 자료를 요청할 때면 그것도 모르냐는 식으로 삐딱하게 동료를 대한다. 팀에서 토의를 할 때에도 박까칠 과장은 혼자서 주도하거나 다른 팀원들을 무시하는 오만한 태도를 보인다. 학습과 지식의 축적은 서로 다른 관점을 가진 사람들의 자유로운 토의를 통해서 이루어지는데 박까칠 과장과 함께라면 이런 모습을 기대하기가 어렵다. 사람들은 박까칠 과장 같은 유형을 함께 일할 팀원으로 뽑지 않으려 했다. 이런 까칠이가 있는 팀들은 '언제나 우리 팀이 해체가 될까?' 하며 팀이 재편성되기를 학수고대 한다.

반면에, 이호감 과장이 있었다. 그는 아주 포근한 사람이다. 그러나 능력은 다소 처진다. 그를 만나면 팀원들은 속에 있는 마음을 다 털어 놓는다. 토의 할 때에도 자유롭게 질문한다. 혹시 엉뚱한 질문을 해도 부담이 안 간다. 배움을 위해서는 자신의 약점을 노출해야 한다는 것이 이호감 과장의 지론이었기 때문이다. 팀원들은 그와는 교육과정을 떠나서도 함께 있고 싶어 한다. 그래서 주말에 함께 낚시나 등산을 즐기기도 한다. 팀에서는 항상 웃음꽃이 피어오른다. 늦게까지 함께 공부해도 재미있다. 이런 멤버들이 있는 팀을 재편성하자고 하면 팀원들은 이구동성으로 안 된다고 외친다.

교육 시간만이 아니라 조직의 일상에서도 이 같은 현상은 똑같이 일어난다. 하버드대의 경영학자 티지아나 캐시아로(Tiziana Casciaro)와 듀크대의 미구엘 소우사 로보(Miguel Sousa Lobo)가 이를 잘 뒷받침해 주고 있다. 이들은 박까칠 과장과 같은 인물을 '똑똑한 싸가지'로, 이호감 과장의 유형을 '친절한 맹꽁이'로 이름을 붙였다. 회사 구성원들에게 물어보면 전자를 선택한다고 주장하지만, 실제로 조사해 보면 후자를 선택하는 경우가 전자를 선택하는 경우보다 훨씬 많다는 것이 밝혀졌다.

점점 사회가 복잡해지면서 혼자서 모든 일을 다 처리하기보다는 -물론 그럴 수도 없지만- 다른 사람과의 협업 관계가 훨씬 중요하게 되었다. 이러다 보니 자연스레 팀이나 그룹에서 활동하는 시간이 많다. 업무나 프로젝트마다 다른 팀에 적을 두면서 일을 하는 경우가 점점 늘어난다. 본인 스스로를 되돌아보고 자신이 까칠한 사람이란 진단이 서거든 좀 더 호감을 줄 수 있는 사람이 되도록 노력해야 하지 않을까 싶다. 지금부터라도 타인과의 온도의 차를 조금이라도 줄여나가는 부단한 노력이 필요할 것이다. 찬바람이 쌩쌩 나는 까칠이보다는 호감이 가는 사람이 선택 받는다는 사실을 기억하라.

4 딱딱하면 사람이 꼬이지 않는다

모 기업의 직원 교육을 맡았을 때 강의 일정과 커리큘럼을 짜기 위해 직원들과 이야기를 나눌 기회가 있었다. 입사한 지 2년 반 된 한 직원이 들려 준 이야기다. 자기네 팀은 사무실에 팀장이 있을 때는 팀원들이 모두 자기 자리에서 찍소리도 못하고 컴퓨터만 두드리고 있다고 한다. 지방 사업소에 있다가 서울 본사로 온 직원이 있는데 성격이 싹싹하고 분위기 메이커 역할을 잘해서 이전 사업소에서도 사랑을 많이 받았다고 한다. 그 직원은 이전 사업소에 있을 때도 오후가 되면 가끔 간식을 사다 팀원들이 함께 나눠 먹으며 즐겁게 대화하는 시간을 만들곤 했다고 한다. 이때 팀원들은 업무가 바쁘기는 해도 잠시 틈을 내어 기분 전환을 할 수 있었기에 다들 이 시간을 좋아했다고 한다. 그 직원은 서울 본사에 와서도 화기애애한 팀 분위기를 만들고자 노력했다고 한다. 어느 날 오후 아이스크림, 과자 등을 사와서 부서 가운데 놓여 있는 회의 테이블로 팀원들을 불러 모았다. 이전 사업소에서처럼 당연히 팀장도 불렀다.

"이리들 오셔서 이것 드세요."

이내 팀원들과 팀장이 테이블에 둘러앉았다. 팀장은 과자를 손에 들자마자 바로 업무 이야기를 시작했다.

"이봐, 김 과장. 그 일은 어떻게 되어가고 있어?", "그래? 그럼 이 일을 해 봐.", "이봐, 박 대리. 기안은? 아직 안 했어? 언제까지

하려고 하는데?"

즐거운 대화 분위기는 온데간데없이 그 자리는 회의 자리가 되어 버리고 팀원들에게는 오히려 할 일만 늘어났다고 한다.

이런 일이 발생하자 팀원들은 그녀에게 눈치를 주었고, 그녀 역시 이제 팀장이 있을 때는 간식을 사와도 절대 사람들을 불러 모으지 않았다고 한다. 어떤 때는 팀장 자리로 먼저 찾아가 간식을 갖다 주어, 팀원들이 모인 곳으로 오지 않게 아예 선수를 쳤다고 했다. 업무도 많이 힘들다고 한다. 기안을 하나 올리면 전체를 보지 않고 자구 하나 문장 하나 가지고 자꾸 담당자를 불러 따진다고 한다. 그래서 팀원들은 자기가 맡은 기안을 선뜻 올리지 못하고 팀장을 피해 다닌다고 한다. 이와 같은 팀장의 태도 때문에 팀원들은 감히 그와 말을 섞으려고 하지 않는다고 한다. 이러다 보니 새로운 아이디어가 있어도 팀장에게는 말도 못하고 조언은 꿈도 못 꾼다고 한다. 모든 것이 팀장의 독단에 의해서 움직인다고 했다. 대화 말미에 그 직원은 이런 부탁을 해왔다. 교육 때 자신들이 팀장과 절대 섞이지 않게 해달라고 말이다. 팀장과 따로 교육을 받아야 그 기간 동안이라도 잠시 기를 펴고 회사 생활을 할 수 있기 때문이란

다. 자신들은 실제 휴가 역시 팀장과 같은 시기에 안 가려고 애를 쓴다고 한다. 그래야 휴가가 2주로 늘어나기 때문이라고….

5 다른 사람의 신발을 신어 보라

"언니! 우리 아기는 키가 클 것 같아요. 손가락이 아주 길쭉길쭉 하고 다리도 긴 편이에요. 코도 나를 닮아서 얼마나 오뚝한지 몰라. 또 잠은 얼마나 잘 자는지…."

Y는 오늘도 후배와 전화 통화하면서 전화 끊을 타이밍을 찾고 있다. 요즘 아이 자랑에 여념이 없는 후배 얘기를 듣느라 일의 흐름이 끊길 때가 있기 때문이다. 겨우 전화를 끊은 후, Y는 그 후배가 결혼 전에 자신에게 했던 말이 떠올랐다.

"언니, 요즘에 친구들 모임에 나가기가 싫어요. 아이가 있는 친구들이 모임 중 내내 아이 자랑만 해서 짜증이 나요. 나는 아직 결혼을 안 해서 애도 없는데 만나기만 하면 아이 얘기만 잔뜩 늘어놓는 친구들이 좋아 보이지 않아요. 그런 친구들을 보니까 대화할 때는 상대를 배려해야겠다는 생각이 많이 들어요."

이렇게 불평을 하던 그녀가 드디어 결혼을 하고 얼마 전에 아이를 낳았다. 이제는 180도 달라졌다. 전화통을 붙잡고 물어 보지도 않았는데 자기 아이 이야기밖에 하지 않는다. 바빠서 전화를 끊어야 된다는 사인을 보내도 끊으려고 하지 않는다. 상대방에 대한 생각은 전혀 하지 않는다. Y는 속으로 결혼 전에 그 후배가 했던 친구 이야기는 모두 어디로 갔는지 말해주고 싶은 심정이다.

상대의 입장에서 선다는 것이 이처럼 어렵다.

시골 동생네서 날씨가 따뜻해지자 음식이라도 대접하기 위해 동네 어르신들을 모셨다. 장작불에 돼지고기를 삶아 접시에 가득 담아냈다. 어르신들은 잘 먹겠다며 젓가락을 드셨지만 실제로 고기에는 손을 대지 않으셨다. 그 모습을 보면서 나와 동생은 내심 어쩔 줄 몰라하는데 어르신 한 분이 내게 부탁했다.

"어디 살 말고 비계 없는가? 비계가 있으면 고추장을 발라서 좀 갖다 주게."

나는 바로 가져다 드렸다.

"야하! 부드럽고 맛있다."

그 어르신이 비계를 드시는 모습을 보더니 여기저기에서 어르신들이 '나도! 나도!'를 연발하며 비계를 달라고 하셨다. 그제서야 나와 동생이 어떤 잘못을 했는지 깨달았다. 나와 동생은 어르신들을 잘 대접하겠다고 살코기 부위만을 내놓았던 것이다. 우리는 바로 잘못을 깨닫고 얼른 비계가 많은 부위로 다시 상을 냈다. 그러자 한 어르신께서 내게 말씀을 해주셨다.

"나이가 들면 비계를 찾는다네. 나도 젊을 때엔 이해가 되지 않았었거든"

이 일이 있은 후 며칠 지나지 않아서 충무로에 갈 일이 있어 지하철 역을 찾았다. 역에 다다르자 50대 정도로 보이는 앞을 못 보는 분이 지팡이로 더듬거리며 계단 방향을 찾고 있었다.

"제가 도와 드릴까요?"라고 말을 건네자, 그 분은 내 호의를 받아들였다. 이내 나는 그 분의 지팡이를 잡고서 안내했다. 그 순간 그 분은 깜짝 놀라며 소리를 질렀다.

"어어! 지팡이를 잡으견 어떡해요?"

나는 이때까지 그 의미를 몰랐다. '더 천천히 잡을 게요'라고 말하면서 계속 계단을 올랐다. 그러자 그는 그러면 안 된다고 했다. 그 순간 나는 아차! 하는 생각이 들었다. 내가 지팡이를 잡아들면 그가 감을 잡을 수 없다는 사실을 늦게서야 깨달은 것이다. 도움을 주려고 했던 것이 오히려 더 큰 불편을 안겨다 준 셈이다. 그 뒤 지팡이 대신 반대편 팔을 잡고 그를 계단 밑까지 안내했다.

이런 일이 있고 나서부터 내가 가진 생각이 정답이 아닐 수도 있다는 생각을 더욱더 많이 해 본다. 우리는 '역지사지'라는 말을 즐겨 한다. 다른 사람의 신발을 신고 그 사람의 입장에 서서 생각해 보면 그의 말을 제대로 이해할 수 있게 된다. 이것을 깨달았을 때 비로소 생각도 말랑말랑해진다.

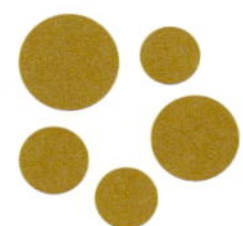 **결론…말랑말랑으로 통하는 길**

주식시장은 알다가도 모를 일이 아주 빈번히 발생하고 있는 곳이다. 잘 나가다가도 갑자기 곤두박질치는 주식이 있는가 하면 바닥에서 헤매다가도 어느 날부터 갑자기 뜨는 주식도 있다. 경제학자 케인즈는 이런 주식시장을 '미인대회'에 비유하여 설명했다.

영국에 있는 한 신문사가 미인대회를 주최했다. 이 대회는 인기가 짱이었다. 신문에 게재된 100명의 미인 사진을 본 후 심사관들은 자신들이 가장 예쁘다고 생각하는 사람 6명을 뽑아야 했다. 그런데 이 대회는 보통의 대회와는 달리 선발된 가장 예쁜 미인에게 상을 주는 것이 아니라 가장 여쁜 미인을 맞춘 심사관에게 상을 주는 것이다. 여러 심사관들의 점수를 종합해서 미인을 선정하게 되고 이 미인을 알아맞힌 심사관이 상을 받게 된다. 이 대회에서 우승을 하려면 어떻게 해야 할까? 여러 가지 전략이 있을 것이다. 심사관 자신이 가장 예쁘다고 생각하는 얼굴을 고를 수 있다. 이 전략을 쓰면 우승할 확률은 떨어질 것이다. 왜냐하면 이는 자신만이 판단한 것이기 때문에 다른 사람이 보기에는 미인이 아닐 수도 있기 때문이다. 나는 쌍꺼풀이 있는 사람을 미인으로 생각하지만 다른 사람들이 반대로 생각한다면 이 대회에서 우승할 수 없다. 따라서 이 대회에서 우승할 확률을 높이기 위해서는 머리를 굴려서 다른 심사관 모두가 미인이라고 생각하는 사진을 골라야 하는 것이다. 즉 다른 심사관의 관점이 무엇인지를 파악하기 위한 노력이 필요하다.

주식시장에서 돈을 따기 위해서도 이 같은 논리를 따라야 한다. 자신의 관점이 아니라 다른 투자자의 심리적인 관점을 잘 살펴서 투자를 해야 한다는 것이다. 일을 하면서 이런 생각은 중요하다. 어떤 일을 할 때 자신의 아집에 빠지지 말라. 동료나 멤버의 관점, 고객의 관점, 스폰서의 관점을 반영하라. 그 길은 말랑말랑으로 통한다.

밖의 지혜를
활용하라

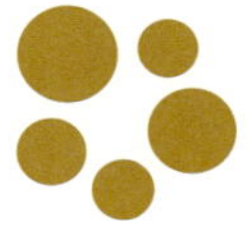

　　백여 년 만에 폭설이 내린, 올 겨울 어느 날 저녁 통신 회사에 다니는 과장 두 명이 내 사무실을 찾아 왔다. 그 회사는 최근 대규모의 명예퇴직을 실시했다. 그래서인지 두 사람의 표정은 예전과 같지 않았다. 다소 긴장한 듯한 표정을 읽을 수 있었다. 말하는 중에 "아침에 눈을 뜨면 갈 곳이 없을까 봐 불안해요." 라는 말을 여러 번 되풀이했다. 저녁식사를 함께 하며 자신의 올해의 포부 등에 대해 이야기를 나누었다. 그 중 하나가 승진에 대한 이야기였다. "회사에서 어떤 사람이 승진하는 것 같아요?"라고 묻자 두 사람의 공통적인 의견은 일만 잘해서는 안 된다는 것이다. 자신의 실적을 잘 포장해서 윗사람과 동료들에게 알리는 것이 중요하며, 네트워크가 넓은 사람이 승진을 잘한다고 했다.

마침 그 때 나는 시카고 대학의 버트(Burt) 교수가 쓴 글을 하나 가지고 있었다. 그 글에는 다음과 같은 그림이 있었다. 여기서 검은색의 점은 사람을, 점들을 이은 선은 사람간 또는 그룹간의 정보 흐름을 나타낸다. 실선은 강한 정보의 흐름을, 점선은 약한 정보의 흐름을 나타낸다. A, B, C는 하나의 집단이나 조직의 부서

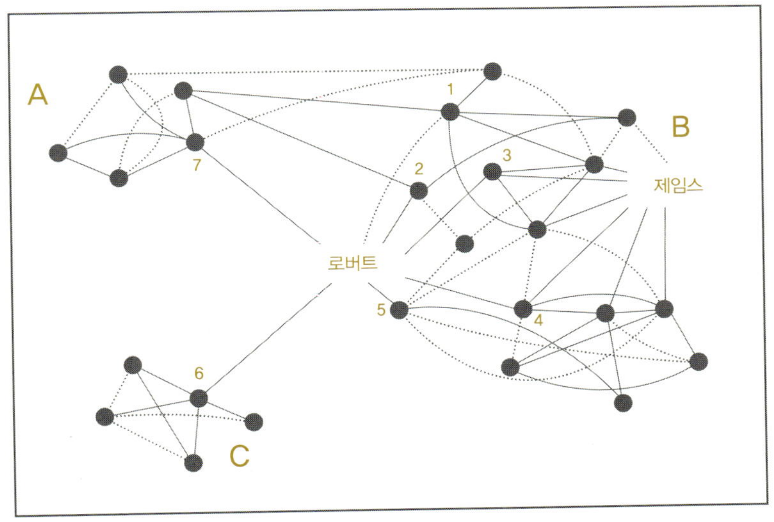

또는 사업본부를 뜻한다. 두 사람에게 물었다. "'로버트'라는 사람과 '제임스'라는 두 사람 중에서 어떤 사람이 승진을 잘할 것 같아요?" 참고로 그림에서 로버트와 제임스는 각각 모두 7명의 사람과 정보를 주고받고 있다.

조금 전까지 네트워크가 승진에 중요하다고 두 과장이 똑같이 답했지만 이번에는 달랐다. 본사에 근무하는 과장은 제임스, 또 지사에 근무하는 과장은 로버트라고 했다. 그 이유를 묻자 제임스라고 답한 과장은 부서 안에서 네트워크를 강하게 만든 사람일수록 승진이 빠르다고 했다. 반면에 로버트라고 답한 과장은 자신이 속한 부서 사람들만 만나서 정보를 주고받으면 그 정보의 질이 혁신적이지 못하고 새로운 아이디어를 얻을 수 없기 때문에 새로운 아이디어로 성과를 내는 데 제약이 많다고 했다. 그래서 다른 부서나 환경에 있는 사람들로부터 얻은 정보를 가진 로버트가 새로운 아이디어를 많이 활용해서 성과를 더 많이 내고, 그러므로 승진도 빠르다는 것이었다. 여러분은 어떤 사람의 의견이 맞는다고 생각하는가?

답은 로버트이다

버트 교수는 '구조적 공백이론' [structural hole]으로 이 현상을 설명하고 있다. 구조적 공백이란 서로 연결되지 않은 개인이나 그룹간에 존재하는 빈틈이다. 예를 들어 조직도상에서 인사부서와 생산부서 간에는 커다란 빈틈이 존재한다. 이 빈틈을 누군가가 메워 주지 않는다면 이 두 부서 사이의 교류는 단절될 것이다. 인사부서와 생산부서는 서로가 무슨 일을 하는지 모를 것이다. 그러나 서로 연결되지 않은 개인들이나 부서를 연결해 주는 중개인, 즉 그림 속 로버트와 같은 사람이 있다면 그 사람은 어떤 이점이 있을까?

그 사람은 새롭고 다양한 정보를 그 누구보다 빨리 얻을 수 있기 때문에 더 많은 기회와 시간을 벌 수 있다. 새로운 아이디어는 자신이 속한 부서가 아니라 다른 부서 또는 외부에서 얻는 경우가 많다. 아이디어맨이라고 불리는 사람들은 대부분 네트워크상에서 이 위치에 있는 사람들이다. 이처럼 새롭고 다양한 정보는 업무에서 큰 힘을 발휘한다. 한 가지의 문제점을 다양한 각도에서 바라볼 수 있는 기회를 주기 때문에 정확한 해법을 찾을 확률이 그만큼 높아지는 것이다. 따라서 승진, 보상, 인사고과에서 유리한 고지를 점할 수 있다. 더불어 주변의 많은 사람들이 그를 인정하고 의지하게 될 때, 자연스럽게 파워가 생기는 것이다. 이런 파워를 '네트워크 파워'라고 부른다. 반면에 제임스와 같은 사람은 자기가 속한 부서 사람들만 만나기 때문에 새로운 정보를 얻기가 힘들다. 좋은 아이디어도 부족하다. 미국의 한 대기업에 근무하는 673명의 관리자를 대상으로 실시한 연구에서도 로버트와 같은 위치에 있는 사람들이 승진, 보상, 인사고과에서 다른 사람들에 비해 높았고 굿 아이디어도 훨씬 많았다.

나아가서 버트 교수는 '창조적인 사람'에 대해서도 말한다. 창조적인 사람은 구조적인 공백에서 중개자로서의 역할을 하는 사람들이다. 한 그룹에서는 일상적인 정보가 다른 그룹에게는 아주 귀중한 정보일 수 있다. 사람들은 자기 혼자서 만들어낸, 아주 깊이 있고 분석적인 연구를 통해서 태어난 아이디어만이 가치 있다고 믿는 실수를 한다. 창의성은 수출입과 같은 비즈니스다. 새롭고 다양한 정보를 많이 얻을수록 획기적인 아이디어가 나올 수 있는 확률이 높아지는 것이다. 정보는 네트워크상의 중개자를 통해서 여기저기로 살아 움직인다. 중개자는 여기저기 살아 움직이는 정보를 가치 있는 새로운 아이디어로 재탄생시키는 매파인 셈이다.

나는 로버트 같은 사람인가? 혹은 제임스 같은 사람인가? 어떻게 하면 네트워크를 넓혀 외부의 지혜를 잘 활용하는 로버트 같은 사람이 될 수 있을까?

1 타이를 느슨하게 매라

내가 지금의 직업을 가지기까지 가장 영향을 끼친 것은, 한 통의 편지다. 나는 그 편지로 인해 예전과는 완전히 다른 길을 걸어가게 되었다. 지금부터 십여 년 전, 나는 스위스에 있는 IMD(국제경영개발대학원: 국가경쟁력을 발표하는 곳으로 잘 알려져 있음)의 한 교수에게, 나와 함께 우리나라 회사들이 참여할 수 있는 '변화와 리더십' 프로그램을 만들자는 내용을 담은 편지를 썼다. 그리고 하루 이틀이 지나도 연락이 없었다. 나는 그 교수가 편지 내용에 관심이 없는 것이라고 여기고, 그것에 대해서는 잊고 지냈다.

그런데 수개월이 지났을까? 독일의 한 컨설턴트로부터 연락이 왔다. 그 사람은 IMD 대학의 교수에게 나를 소개받았으며 존슨앤존슨 리더십 프로그램을 아시아에서 운영하려고 하는데 함께 할 수 있냐고 제안해 왔다. 그리고 며칠 후 이번에는 프랑스의 한 대학 교수로부터 또 다른 연락을 받았다. 자신은 존슨앤존슨 리더십 프로그램을 기획하고 운영하는 총책임자로 독일의 컨설턴트에게 나를 소개받았다고 했다. 그 후 존슨앤존슨 미국 본사의 리더십 프로그램 담당 임원과 함께 만나 계획을 마무리 짓고 프로그램을 성공적으로 끝냈다. 프랑스의 그 교수는 나중에 알고 보니 리더십 프로그램 분야의 세계적인 마당발이었다. 그는 매년 각 대륙을 돌면서 컨퍼런스를 개최하고 있었다. 그 해는 미국의 보잉 리더십 센터에서 행사가 있었는데 거기서 나는 조지 워싱턴 대학의 마쿼트(Marquardt) 교수를 만났다. 그는 '액션러닝(시련에 의한 학습)' 분야의 세계적인 대가였다. 이 만남을 계기로 마쿼트 교수를 한국에 초빙해서 여러 차례 세미나를 진행했다. 나는 그 후 조지 워싱턴 대학에서 공부를 시작하게 되었고 이때 한 공부가 현재 하는 일에 상당한 영향을 미치고 있다. 만나본 적도 없는 사람에게 보낸

한 통의 편지로 만들어진 인연의 힘을 실감할 수 있었다. 나만 이런 경험을 했을까?

사회학자인 마크 그라노베터(Mark S. Granovetter)는 보스턴 근교에 살고 있는 전문직, 기술직, 관리직 분야에서 특정 기간 동안 직장을 옮긴 282명을 대상으로 어떻게 일자리를 구했는가를 조사했다. 이들의 반 이상이 공식적인 채용 과정보다는 다른 사람들의 소개를 통해 일자리를 얻었다는 사실을 발견했다. 그런데 재미있는 사실이 있었다. 우리는 보통 절친한 친구나 친척과 같이 그 연결의 강도, 즉 관계가 가까운 사람들이 새 직장에 대한 정보를 더 적극적으로 줄 것이라고 생각한다. 그러나 연구 결과는 이것과는 반대로 나왔다. 겨우 아는 정도의 사람들을 통해 정보를 얻는 경우가 더 많았다. 예를 들면 대학 동창, 이전 직장의 동료나 사장 같이 아주 드물게 연락이 유지되는 사람이었다. 이렇게 약한 연결 고리 관계에 있는 사람들이 중요한 역할을 할 수 있었던 이유는 그들이 우리 자신과는 다른 세상에서 움직일 가능성이 더 크기 때문이다. 따라서 우리가 받는 정보와는 다른 정보에 접근을 할 것이다. 즉 새로운 정보를 얻을 가능성이 큰 것이다. 매일 만나는 사람에게서는 다양하고 신선한 정보를 얻기가 힘들다. 그러나 어쩌다 한번 만나는 동창을 보면 새로운 뉴스가 봇물처럼 쏟아지는 경우를 경험하게 된다.

이제 자신의 네트워크를 다양한 곳으로 확대해 보면 어떨까? 또 명심해야 할 것은 우리는 누구를 만날 때마다 준비하면서 최선을 다한다. 그러나 헤어질 때는 대충대충 헤어진다. 만남이 있으면 언젠가는 헤어지는 법, 헤어질 때 잘 헤어지는 것도 만나는 것 이상으로 중요하다. 헤어지면 이들이 약한 연결고리가 된다. 그러나 이들의 힘은 위력적이라는 사실을 명심하자.

2 옷을 잔뜩 껴입지 마라

길리아드 사이언스(Gilead Sciences)는 신종플루 치료약인 타미플루나 에이즈 치료제를 만드는 바이오제약기업이다. 이 회사는 에이즈 관련 신약을 개발한 뒤 대대적인 홍보를 했지만 환자들의 반응은 그다지 호의적이지 않았다. 분명 현재 환자들이 사용하고 있는 약보다도 효능이 월등한데 왜 이 약으로 바꾸지 않을까? 회사에서는 고민이 컸다. 그런데 환자들은 약의 효능보다도 더 중요하게 생각하는 것이 있었다. 이는 약의 부작용이었다. 새로운 약이 혹시나 가져올 부작용에 대해 불안감이 있었던 것이다. 길리아드 사이언스는 곧바로 마케팅 전략을 수정했다. 신약의 효능보다는 부작용이 적다는 것을 환자와 의사들에게 홍보했다. 신약의 부작용에 대한 걱정이 사라지자 환자들은 너도나도 신약을 찾기 시작했다. 이후 경쟁사의 시장 점유율은 33%나 추락했다. 외부의 관점을 파악하지 않고 약의 효능만 중요하다는 생각을 고집했으면 후발주자로서 큰 어려움을 겪었을 것이다.

"회사 내부에서 무슨 일이 일어나고 있는가를 보는 것은 중요하다. 그러나 바깥에서 무슨 일이 일어나고 있는지를 아는 것이 더욱 더 중요하다. 외부 세계의 정보에 대해 회사가 얼마나 많이 눈을 부릅뜨고 찾고 이를 접촉하는가에 따라 성장과 생존이 달려 있다." 라고 피터 드러커는 말한다. 길리아드 사이언스의 예처럼 성장의 씨앗은 개인이나 회사의 내부에 있는 경우보다 외부에 있는 경우가 훨씬 많다. 나에게 또는 회사에게 가장 큰 영향을 미치는 아이디어나 기술은 다른 사람이나 회사의 외부로부터 들어온다. 이러한 아이디어와 기술을 잘 잡기 위해서는 외부 환경의 변화를 잘 읽어 내는 능력이 중요하다.

사람들이 한겨울에 옷을 잔뜩 껴입고 날씨가 덥다고 말하는 것처럼 외부 온도의 변화를 모른 채 자신의 생각에 둘러싸여 있으면 이런 것이 보이지 않는다. 외부 세계에 대해 빗장을 꼭 잠그고 있으면 금방 우물 안 개구리가 된다. 외부적인 관점은 개방을 전제로 한다. 개방을 잘 실천하는 회사 중 하나가 P&G사이다. P&G가 표방하고 있는 중요한 전략 중의 하나는 '연결과 개발[Connect & Development]' 이다. 감자칩 위에 그림이나 재미있는 글을 새겨 넣는 프링글스 감자칩에 대한 이야기는 잘 알려져 있다. 고온인 상태에서 습기가 많은 반죽에다 글자를 새겨 넣는 일은 쉽지 않았다. 이때 외부 네트워크에다 이런 어려움을 정리하여 올렸고 마침내 이탈리아의 볼로냐에 있는 한 대학 교수가 해법을 제시하여 이 문제를 해결할 수 있었다. 이와 같이 외부의 다양한 네트워크를 통해서 많은 가치를 만들어 내고 있는 것이다. P&G의 정규 연구 인력은 7,500명이다. 그리고 각 연구원마다 평균 200명의 외부 네트워크를 구축하고 있다. 결과적으로 P&G는 호의적인 150만 명의 연구원을 가지게 되는 것이다. 이렇듯 개방을 통해 바깥세상의 지혜를 받아들일 때 나의 지혜는 더욱 넓고 깊어진다.

3 메디치 가문을 본받아라

'창의력'에 대해서 잘못된 믿음이 있다. 그 잘못된 믿음은, 창의력이 전설에서와 같이 한 사람이 어느 날 갑자기 잠에서 깨어나서 '아하!' 하고 깨우치면서 생겨나는 것이라고 믿는 것이다. 창의적인 아이디어는 개인 혼자서 생각해서 얻어지는 산물이 아니라 여러 사람의 아이디어가 뭉쳐서 생겨나는 것이다. 이처럼 창의력은 다양한 아이디어가 하나가 될 때 또는 한 영역에서 창조적인 아이디어가 다른 영역에 새로운 생각을 자극할 때 일어난다. 또한 창의적이고 혁신적인 아이디어는 여러 사람과의 협력을 통해서 만들어진다. 심리학자인 케이스 소여(Keith Sawyer) 박사는 이런 협력에 의한 혁신을 '그룹 지니어스'라고 말한다. 노스웨스턴 대학

교의 브라이언 우지(Brian Uzzi)와 스탠포드대학교의 자렛 스피로(Jarrett Spiro)는 '그룹 지니어스' 이론을 검증하기 위해 사회적 네트워크와 창의성의 관계라는 주제로 뉴욕에 있는 브로드웨이 뮤지컬 산업을 대상으로 연구를 진행했다.

뮤지컬 산업은 매우 창의적인 아이디어가 필요하다. 그렇지 못하면 그 산업계에서 생존이 불가능하다. 1945년부터 1989년까지 474개 뮤지컬 작품을 만드는데 종사했던 2,092명의 예술가들을

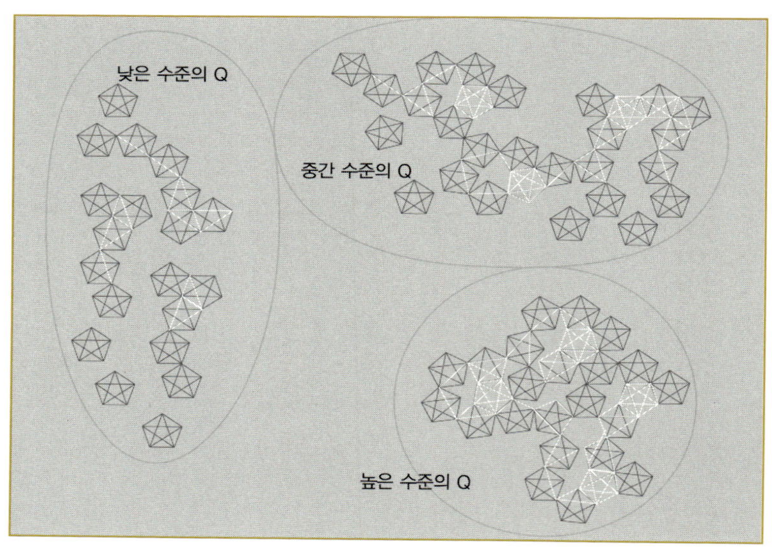

대상으로 자료를 수집했다.

　뮤지컬은 작곡가, 작사가, 플롯과 대사를 쓰는 대본 작가, 안무가, 팀의 협력을 조율하는 디렉터, 재정적인 뒷바라지를 해주는 프로듀서 등 일반적으로 6명이 팀을 이뤄 만들어 나간다. 하나의 뮤지컬 팀은 다른 뮤지컬을 준비하는 팀과 공식적, 비공식적으로 연결되어 있다. 왜냐하면 예술가 한 사람이 오직 한 편에만 매달리면서 만드는 것이 아니라 여러 편의 뮤지컬을 동시에 작업하는 경우가 있으며, 같은 일을 하다보면 자연스럽게 만나 의견이나 정보를 교환하는 일은 다반사이기 때문이다. 우지와 스피로는 연결의 정도를 나타내는 지표로 'Q'라는 것을 개발했다. 아래 그림에서 보는 바와 같이 Q 수준이 높으면 팀들간의 연결고리가 많으며 연결의 정도도 강하다는 뜻이다. 반대로 Q 수준이 낮으면 팀들 사이에 연결고리가 많지 않으며 연결의 정도도 낮다. Q 수준이 높을수록 팀간의 연결이 잘되어 있고 응집력이 강하다. 그렇다면 Q 수준이 높으면 높을수록 창의적인 뮤지컬이 많이 만들어질까?

　창의성의 측정지표는 수익과 브로드웨이 비평가들의 호평이었다. 먼저 Q 수준이 낮으면 즉 다른 팀들과의 연결고리가 약한 경우에는 높은 경우보다 작품의 창의력이 많이 떨어졌다. 그러나 Q가 일정 수준을 넘자 오히려 창의적인 뮤지컬을 만드는데 방해가 되었다. 이 경우 연결고리가 낮을 때보다는 성적이 좋았지만 흥행 가능성이 줄었다. 연결고리의 결속력이 너무 강해서 다른 팀 멤버를 만나도 새로운 아이디어를 얻을 수 없었던 것이다. 이는 우리가 매일 같은 사람을 만나면 새로운 것이 없는 것과 마찬가지이다. 그림에서 Q의 가장 이상적인 수준은 2.6이다. 이때 뮤지컬이 히트할 가능성은 Q의 지수가 가장 낮을 때보다 2.5배가 높고 비평가들로부터 호의적인 찬사를 받을 가능성이 3배나 높았다.

이 연구에서 보는 바와 같이, 혼자가 아닌 다른 사람과의 네트워크를 통해서 창의적이고 혁신적인 아이디어가 만들어질 확률이 더 높다. 또한 너무 비슷한 사람들이 아니라 다양한 관점의 사람들이 모인 네트워크여야 한다. 그래서 '메디치 효과' 란 말이 자주 등장을 한다. 메디치는 르네상스의 부흥을 이끌었던 이탈리아의 한 명문가를 말하며, 메디치 가문은 예술가, 과학자, 상인, 음악가, 문학자 등 다양한 사람들의 지식을 한데 모아 르네상스의 동력을 만들었다. 이와 같이 메디치 효과란 서로 다른 이질적인 생각이나 지식 등이 융합하여 폭발적으로 혁신이나 변화가 일어나는 현상을 뜻한다.

메디치 효과는 다양한 관점을 전제로 한다. 그래서 최근 들어 회사들은 채용단계부터 다양한 인재를 뽑으려는 여러 시도를 한다. 문제는 다양한 사람들이 들어와도 금방 붕어빵처럼 획일화 된다는 데 있다. 문화적인 폐쇄성이 있어, 상사가 어떤 일을 할 때 부하들은 행여 다른 의견이 있어도 브레이크를 못 건다. 상사는 말로는 각자 자신이 생각하는 의견을 내놓으라고 하지만 그 정답은 정해져 있다. 의사결정은 연차에 의한다. 후배는 제대로 말도 못한다. 때론 말을 하지만 무시당하기 일쑤다. 할 일이 없는데도 상사의 눈치를 보느라 퇴근하지 않고 늦게까지 회사에 남아서 일을 해야 하는 문화에 젖어든다. 신입사원 때는 자신만의 색깔이 선명한 잉크였지만 물에 떨어뜨리자 시간이 지나면서 완전히 물에 희석되어 자기 색깔을 잃어버리고 만다. 이렇게 조직 속에서 자신만의 개성을 살리지 못하고 파묻히는 경우가 많다.

"단일한 영역에서 어떤 발전이 있더라도 그것은 결코 실질적인 변화를 일으키지 못한다. 변화는 함께 작용하는 것들이 서로 충돌하는 가운데 일어난다.”는 미래학자 포 사포(Paul Saffo)의 말을 되새겨 볼 필요가 있다. 개인이든 조직이든 창의력을 높이고자 한다면 끼리끼리 놀지 말고 자신과는 다른 사람들을 만나야 한다.

④ 우시장에서의 경험을 활용하라

어릴 적 아버지를 따라 우시장에 자주 간 경험이 있다. 그곳에는 언제나 에너지가 넘친다. 송아지와 황소 수백 마리를 한자리에 모아 두고 거래하는 모습은 정말 장관이다. 특히 흥정꾼들의 모습은 그야말로 예술이다. 소의 궁둥이 살을 당겨보기도 하고 소의 입을 벌려 어금니로 나이를 가늠해 보면서 소의 상품성을 판단한다. 특히 소의 무게는 거래의 중요한 요소가 된다. 그렇다면 그들은 어떻게 소의 무게를 판단한다는 말인가? 이에 대한 궁금증을 ‘대중의 지혜’[The wisdom of crowds]라는 것으로 풀게 되었다. 대중의 지혜란 한 집단에서 쌓인 정보를 가지고 내린 의사결정은, 그

집단에서 어느 한 사람이 내린 결정보다 더 좋다는 것이다.

진화론으로 잘 알려진 다윈의 사촌인 영국의 프랜시스 갤튼 (Francis Galton)은 가축가금류 품평회장에서 재미있는 이벤트를 보게 된다. 그 이벤트는 특정 소의 무게를 맞추는 것이었다. 여기에 참가하는 사람들은 자신의 이름과 주소 그리고 자신이 생각하는 소의 무게의 추정치를 적어내게 된다. 물론 공짜로 참가하는 것은 아니다. 여기에 참가하려면 6페니짜리 티켓을 사야 한다. 티켓을 파는 이유는 경기의 재미를 위해서 그리고 최선을 다해서 그 무게를 맞추려고 하는 사람들의 심리를 자극하기 위해서다. 모두 800장의 티켓을 팔았다. 이 경기에 참가한 800명의 사람들은 정육점 주인, 농부, 소 무게를 전문적으로 판단하는 사람 등 아주 다양했으나 대부분은 일반인들이었다. 이 경기에 참가한 사람들, 즉 대중들이 써낸 추정치의 평균은 1,197 파운드였다. 실제 소의 무게는 1,198 파운드였다. 이처럼 소 무게에 대한 추정치를 평균한 결과 실제의 소 무게와 거의 같았다. 여기서 다수의 사람들이 생각한 평균 추정치가 소 전문가들의 개별적인 추정치보다 더 정확한 것을 알 수 있었던 것이다. 내가 어릴 적 본 우시장의 소 무게도 이런 원리와 비슷했다. 소를 둘러싸고 여러 사람들의 소 무게에 대한 말이 오고 간다. 이런 말들이 쌓이고 쌓여 소 무게를 추측하는 셈이다. 이처럼 전문가 한 사람보다 평범한 '대중의 지혜'가 탁월한 경우가 많다.

『대중의 지혜』 *The wisdom of crowds* 의 저자인 제임스 서로위키(James Surowiecki)는 무작위로 선정하여 구성된 집단이 돈을 많이 투자하여 뽑아 놓은 집단보다 문제를 해결하는 역량이 더 우수하다고 주장한다. 그 동안 우리는 지나치게 엘리트 중심의 생각을 해 왔다. 성공과 실패의 이유를 소수의 전문가나 조직의 리더들에게 돌렸다.

현대 사회는 정보통신기술이 하루가 멀다 하고 눈부시게 발전을 하고 있다. 휴대폰과 인터넷 등으로 무장한 군중들로 인해 정보가 순식간에 퍼진다. 이제 군중들은 사회적인 이슈에 적극적으로 참여하며 변화를 주도해 나가는 핵심세력으로 등장했다.

한 회사에서 강의 중에 '고객의 지니어스를 어떻게 활용할 수 있는가?'에 대해 토의를 한 적이 있다. '고객 지니어스'란 고객들이 똑똑해지고 요구도 다양해지고 많은 정보를 가지고 있는데, 이런 고객의 아이디어를 회사의 제품이나 서비스에 활용한다면 훨씬 좋은 것을 만들어낼 수 있다는 것이다. 이 용어는 그 강의 참가자들이 '그룹 지니어스'를 본따 만들어 낸 용어이다.

이 회사의 연구소에서는 홈페이지에 솔루션을 올려놓고 고객들이 올린 아이디어가 채택되면 포상하는 시스템을 활용하고 있다. 이처럼 소스를 공개해 놓고 참가자, 즉 고객들과 함께 만들어가고 있는 것이다. 이처럼 고객의 다양한 아이디어를 모아서 그 아이디어를 발전시킨다. 이 회사는 그 분야에서 최고의 경쟁력을 가지고 있다.

그러나 모든 집단이나 대중이 현명한 것은 아니다. 현명한 판단을 내리기 위해서는 조건이 필요하다. 첫째, 의견의 다양성이다. 다양성은 그 자체로만으로도 가치가 있다. 다양성이 없으면 마치 근친상간과 같은 결과를 가져온다. 다른 대안을 찾고 탐색하는 능력이 현저히 떨어진다. 비슷한 생각을 하는 사람들이 모이면 당연히 그 비슷한 범주 내에서 맴도는 결정을 한다. 둘째, 독립성이다. 사람들의 의견이 주위 사람들의 의견에 의해 결정되어서는 안 된다. 독립성이 보장되지 않으면 자신의 의견을 믿는 것이 아니라 타인의 의견을 믿는 경우가 된다. 무언의 압력을 받아서는 안 된다.
셋째, 분권화이다. 권한이 집중되어 어느 한 사람이 결정을 좌지우
지 하지 않고, 현장을 가장 잘 아는 사람들이 결정을 할 수 있도록
해야 한다. 이는 자율이라는 것과도 일맥상통한다. 끝으로, 통합이
다. 개별적인 판단을 집단의 판단으로 전환시킬 수 있는 메커니즘
이 있어야 한다. 다들 의견들은 제각각인데 이를 통합할 수 있는
메커니즘이 없다면 이는 콩가루 집안과 별로 다를 게 없다. 이렇게
되면 '대중의 지혜'를 모을 수 없다. 오직 '대중의 우매'함이 존재
할 뿐이다.

 **5 서로의 약점을 사랑으로 연결하라**

　　남편은 늘 부인이 자신을 알아주지 않는다고 불평했다. 자신이
아침 일찍 출근을 할 때도 부인은 집에서 편히 지내는 것 같았다.
자신처럼 회사에서 상사에게 깨지지도 않고 얼마나 마음이 편할까
하는 부러움을 가지고 지냈다. 그러던 어느 날 남편은 신에게 '단

일주일만이라도 나와 아내를 바꾸어 주십시오. 물론 외모도 여자로 바꾸어 주십시오.' 라고 두 손 모아 간절히 기도했다. 신은 그 간절한 바람을 들어주었다. 그 다음날부터 남편은 부인이 되고 부인은 남편의 모습으로 바뀌었다. 부인 모습으로 변한 남편은 신이 났다. 아침에 눈을 뜨자마자 남편을 회사에 보냈다. 느지막하게 잠을 자려하는데 애들이 학교에 간다고 야단법석이다. 늦잠을 잘 수 없다. 준비물을 챙겨 주느라 정신없다. 아침밥을 겨우 먹이고 학교에 보냈다. 이어 바로 아침 설거지를 끝냈다. 그런데 세탁기 주변을 보니 빨랫감이 잔뜩 쌓여 있는 것이 아닌가? 세탁기를 돌리고 젖은 빨래를 빨랫줄에 일일이 걸고 나서 잠시 쉬려 할 때 시댁에서 전화가 왔다. 내일이 시아버지 생신인데 생신상 준비하러 시댁으로 오라는 것이었다. 몸단장하고 시댁에 가서 음식을 준비하고 집에 돌아오니 저녁이 되었다. 애들과 저녁을 먹고 잠시 쉬면서 TV 드라마를 보는 사이에 남편이 술이 떡이 돼서 돌아왔다. 일상에 지쳐 자려고 침대에 누웠더니 남편이 가만히 놔두질 않는다. 술 냄새를 풀풀 풍기면서 자신에게 음흉한 미소를 지으며 다가온다.

다음 날 아침 신에게 다시 빌었다.

"안되겠습니다. 저를 다시 원래 모습으로 바꾸어 주십시오."

신은 말했다.

"네가 그토록 원했던 것인데 겨우 하루를 못 버티느냐?"

"제발 저를 살려 주십시오. 이렇게 집안 일이 힘들 줄은 몰랐습니다. 부디 저를 예전의 모습으로 되돌려주십시오."

이런 간절한 애원에 신은 원래 모습으로 바꾸어 주었다. 다시 제 모습을 찾은 남편은 신에게 감사를 표했다.

"감사합니다. 이제부터 남편으로서 부인의 심정을 이해하며 살겠습니다."

그때 신은 한 마디를 덧붙였다.

"그러나 잊지 말아야 할 것이 있다. 너는 어젯밤에 임신했다. 부디 몸조심 하거라."

위의 이야기는 남녀가 서로의 입장을 이해하는 것이 얼마나 어려운가를 나타내고 있다. 흔히 남자는 말 한마디에 100가지 뜻을 담는다고 한다. 반면에 여자는 한 가지 뜻을 100가지로 표현한다고 한다. 이처럼 여자와 남자는 서로 다른 점이 너무나 많다. 이런 다름의 아름다움을 이해할 때 더욱 행복한 생활이 될 것이다. 얼마

전 지인의 출판기념회가 있었다. 그 자리에서 "각자의 장점이 못난 점이 되고, 약점이 오히려 매력인 경우가 많다. 서로의 약점을 사랑하자." 라고 한, 어느 탤런트의 말이 떠오른다. 상대의 약점에 대해서 눈총을 주지 말라. 눈총도 총이라 맞으면 치명상을 입을 수 있다. 남의 입장이 되어 보지 않고 무조건 다른 사람을 비난해서는 안 된다. 그리고 상대방의 약점만을 들추려한다면 다양한 네트워크를 만들 수도, 다른 사람들의 지혜를 빌려 올 수도 없다. 약점만을 물고 늘어지는 사람을 만나는 것 자체가 피곤한데 누가 그 사람을 만나려고 하겠는가?

 **결론…흑기러기로부터 얻는 지혜**

흑기러기와 흰기러기가 있다. 흑기러기는 머리가 좋다. 반면, 흰기러기는 몸집이 흑기러기보다 크고 힘이 세다. 이 두 기러기는 짝짓기 시기가 다가오면 북극으로 이동하여 알을 낳는데 자연이라는 곳이 그리 만만한 곳이 아니지 않는가? 거기에는 기러기들의

알을 노리는 여우가 도사리고 있다. 흰기러기 부부는 둥지에 접근하는 여우를 쫓기 위해 갖은 노력을 하지만 대부분은 알을 빼앗기고 만다. 그럼, 흑기러기의 둥지는 여우의 위협 속에서 과연 안전할까? 흑기러기 둥지를 보면 아빠 흑기러기는 먹이를 구하러 나가고 엄마 흑기러기 혼자 평안하게 알을 품고 있다. 흑기러기 부부는 어떻게 여우에게서 알을 안전하게 지켜내는 것일까? 그 해답은 둥지를 트는 장소에 있다. 흑기러기 부부는 맹금류인 올빼미 둥지 가까운 곳에 자신들의 둥지를 튼다. 여우가 새들의 알을 먹이로 삼는 것을 아는 올빼미는 여우를 무척 싫어한다. 흑기러기 부부는 올빼미의 이런 습성을 십분 활용한 것이다. 여우가 흑기러기 부부의 둥지를 노릴 때마다 자신의 둥지를 노리는 것이라고 생각하는 올빼미는 여우를 공격한다. 이럴 때면 흑기러기 부부는 뒤에서 '올빼미 이겨라, 올빼미 이겨라' 응원을 보내면 끝이다. 흑기러기 부부는 이렇게 자신은 손 하나 까닥하지 않고 여우에게서 자신들의 소중한 알을 지킨다.

자신만이 항상 최고라 믿고 독불장군처럼 혼자 모든 일을 처리하려고 한다면 이룰 수 있는 일이 많지 않다. 결국 자신뿐만 아니

라 조직에게도 해가 된다. 다른 사람들의 능력을 활용할 수 있는
사람이 진정 지혜로운 사람이다.

생각에는 자기
실현성이 있다

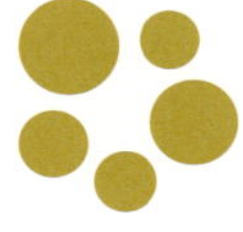

기원 전 4세기 경 일곱 살 난 인도 소년이 점성술사를 만났다. 점성술사는 소년의 손금을 보면서 학자가 되는데 필요한 손금이 없다며, 소년이 그토록 바라는 학자는 될 수 없다고 말했다. 소년은 이 말을 듣고 바로 집으로 달려가 칼로 점성술사가 학자가 되는데 필요한 선이라고 말한 그 자리를 그었다. 그리고 다시 점성술사에게 가서 "자 이제 선이 보이죠?"라고 말했다. 이 소년이 바로 현대 인도 언어의 모체가 된 산스크리트어의 문법 체계를 완성시킨,

인도에서 가장 존경받는 문법학자 파니니이다. 산스크리트어는 고대 인도의 철학, 종교, 문학 등에 사용되었고 동남아 언어에도 큰 영향을 끼쳤다.

파니니의 꿈이 실현될 수 있었던 것은 손금의 문제가 아니라, 그의 긍정적이고 열정적인 다음가짐 때문이었다. 나는 이것을 '생각의 자기실현성'이라고 부른다. 나는 한 기업 강연회에서 참석자들에게 어떤 사람과 함께 일을 하고 싶고 어떤 사람을 피하고 싶은지 물었다. 함께 일하고 싶은 사람은 공통적으로 '긍정적인 마인드'를 가진 자를 꼽았으며, 반대로 가장 피하고 싶은 사람은 비관적인 표정과 말투를 가진 사람이었다.

생각의 자기실현성을 체험하고 싶다면 구체적으로 성장하겠다는 마음가짐, 어려움이 있어도 극복할 수 있다는 낙관주의, 불필요한 고민은 버리기, 긍정적인 말 사용하기와 인생에 대한 명확한 로드맵이 필요하다.

이것이 내인생을 나의 것으로 만드는 비결이다.

 **성장의 마음가짐**

"자네 직장생활 얼마나 했지?"

"15년 정도 되었습니다."

"그 기간 동안 김 부장 자신이 회사나 상사로부터 인정을 받았다고 느낀 기간이 얼마나 된다고 생각하나?"

김 부장은 자신의 옛 상사인 박 상무를 만나 이야기를 나눴다. 김 부장은 지난 몇 개월 간 회사를 그만두고 다른 진로를 택할지, 아니면 회사에 남아 있어야 할지를 심각하게 고민했다. 최근에는 자기가 1년 넘게 주관한 프로젝트가 회사 혁신대회에서 최우수상을 탔지만, 자신의 상사가 그 공로를 모두 차지해 버리고 자신은 찬밥 신세가 되었다는 느낌이 들었다. 이처럼 자신이 회사로부터 전혀 인정받지 못하고 있다는 생각에, 비전도 없이 일을 할 바에는 그만두는 것이 좋을 것 같았다.

그러나 새로운 진로를 선택하려고 해도 상황이 결코 만만치 않았다. 사십대 중반이라는 자신의 나이를 생각하면 회사에서 지금 자신의 이미지를 획기적으로 바꾸고 새로이 시작하기는 늦은 것

같고, 밖으로 나가 새로 뭔가를 시작하는 것도 무척 불안해서 결정을 쉽게 내리지 못했다. 고민 끝에 자신이 십년 전 미국 유학길에 오르기 전 상사였던 박 상무를 찾아가 자신의 결정에 대해 조언을 구했다.

그는 자신이 유학을 준비할 때 추천서를 써주기도 했다. 비록 유학 전 젊은 시절에 다니던 직장의 상사였지만 자신을 가장 잘 안다고 판단했기 때문이다.

"없는 것 같습니다."

"그래, 나도 내가 회사에서 인정을 받고 있구나라는 생각이 든 건 불과 최근 2년 전이야. 그 전에는 나도 불안하기는 자네와 마찬가지였지. 2년 전에 임원으로 승진하면서 아, 내가 인정을 받고 있구나 하는 생각이 들기 시작했지."

"상무님은 그 기간을 어떻게 견뎌 내셨습니까?"

김 부장은 박 상무가 자신의 팀장이었을 때 꽤 능력도 있고 대인관계도 좋았던 기억이 있었기 때문에 그의 이런 말이 다소 의아했다.

"한편으론 인정받지 못한다는 생각 때문에 서운하기는 했지만 다른 한편으론 회사의 인정이나 승진 여부를 떠나 내가 하는 일에 한번 최선을 다해보자는 마음이 들었지. 그러면 비록 사람들이 흔히 말하는 성공, 즉 회사에서 높은 자리로 승진은 하지 못해도 나 자신이 발전하는 것이다. 좋지 않은 생각이 들 때마다 이 생각을 되새기면서 용기를 불어 넣었지. 흔히 생각을 바꾸면 운명이 바뀐다고 하는데 나는 그걸 내 신조로 삼고 있어.”

그러면서 그는 김 부장에 대한 자신의 의견을 말하기 시작했다.

“내가 김 부장의 젊은 시절 꽤 오랫동안 보아 왔지. 이제 서로 다른 회사에 다니고 내가 상사도 아니니까 부담 없이 피드백을 해주겠네. 김 부장은 업무능력이 뛰어나고 참 성실하지. 그 점은 대단한 장점이야. 하지만 이 장점을 가려서 별 효과가 없게 만드는 면이 있어. 그건 바로 부정적이고 비관적인 생각과 말투야. 마음속으로는 잘 해보겠다는 열정이 있으면서도 밖으로 나오는 말은 잘 안 될 거다…. 해 봤자 위에서 인정도 안 해줄 거다…라고 해버리니 그런 말들이 듣는 이로 하여금 인상을 찌푸리게 하지. 김 부장을 보면서 이런 점이 항상 안타까웠지. 지금 다른 회사에서 일을 하고 있지만 그런 마음가짐이 바뀌지 않았다면 상황도 이전과 크게 다르지 않을 거야."

박 상무의 솔직한 조언에 김 부장은 가방끈이 길어진 것 이외에는 예전이나 지금이나 자신이 크게 바뀐 게 없다는 것이 부끄러워졌다.

"아직 진로를 결정하지 못했다고 했지? 만약 회사 내에서의 성공에 대한 미련이 남아 있다면 김 부장의 생각을 바꿔 봐. 지금 회사에서 일해 봤자 비전이 없다, 열심히 해봤자 성과는 다른 사람들이 가로챌 거라는 생각은 일단 접고 여기서 한번 최선을 다해보겠다, 그리고 결과는 그 후에 보겠다는 마음으로 바꾸는 거지. 만약 다른 길을 선택한다고 해도 똑같은 방식으로 해 봐. 그럼 결과가 바뀔 거야."

김 부장의 마음을 상하게 할까 봐 돌려 말하기는 했지만 박 상무의 조언은 단호했다. 사실, 김 부장은 이 회사에서 일을 시작한 후 불평을 입에 달고 살았다. 입사 후 처음 1년 동안 나름 열심히 했지만 자신이 기대했던 것보다 고과가 잘 나오지 않고 윗사람의 인정도 받지 못한다고 생각했기 때문이다. 그래서인지 그는 언제나 회사의 나쁜 면만 보게 되었다. 자신이 아무리 잘 해도 소용이 없을 거라는 생각이 가득 차 있었기 때문에 그의 행동도 최선을 다하는 것과는 거리가 멀어지고 회사 내 대인관계에도 점점 흥미를 잃어 갔다. 자신감도 없어져 갔고 무력감에 빠진 자신을 발견하게 되었다.

그로부터 3년 후, 김 부장 아니 김 상무는 후배들 앞에서 자신의 경험을 들려주고 있다. 나는 김 상무를 내가 운영하는 리더십 과정에 초청하여 강의를 해달라고 부탁했고 그는 흔쾌히 내 요청을 수락하여 강의를 하고 있는 중이다. 그는 강의 제목을 '생각의 자기실현성' 이라고 지었다.

"그때 박 상무님을 만나고 집에 오니까 잠이 오질 않았어요. 밤을 꼬박 새우며 나 자신에 대해 성찰을 해 보았습니다. 내가 다른 사람들이나 나 자신에게 주로 하고 있는 말과 행동을 돌아보았죠. 다른 사람이 그런 말과 행동을 내 옆에서 계속 했다면 정말 좋게 봐줄 수가 없었겠다라는 생각이 절실히 들더군요. 그리고 내 생각이 바뀌면 내 운명이 어떻게 바뀌는지 한번 도전해 봐야겠다는 오기도 생겼습니다. 그 뒤로 회사 내에서 새로운 부서로 옮길 기회가 있었습니다. 그 부서에 가서는 이제 막 입사한 신입사원처럼 모든 것을 새로 시작한다는 각오로 최선을 다했습니다. 인정을 받기 위해서라기 보다는 나를 한번 바꿔보자라는 마음이 컸습니다."

김 상무를 오래전부터 알아 왔던 나에게도 그의 이런 변화는 놀라운 것이었다. 몇 년 사이 그의 말투뿐만 아니라 어두웠던 표정도 밝아졌다. 성과도 인정받아 얼마 전에 임원으로 승진했다.

"지금까지 나의 경험을 봐서도, 생각에는 자기실현성이 있다고 믿습니다. 부정적으로 생각하면 결과도 그렇게 되고 긍정적으로 생각하면 결과도 좋게 나오는 것이지요. 이제 나도 사원채용 면접을 보는 경우 그 사람이 어떤 사고방식을 갖고 있는지를 매우 자세히 살펴봅니다."

김 상무는 생각의 자기실현성의 핵심은 '성장하고 발전하겠다는 마음가짐' 이라는 말로 강의를 마무리했다.

그 후 나는 심리학자인 캐롤 드웩(Carol Dweck) 교수의 '고착된 마음가짐' 과 '성장 마음가짐' 이란 글을 읽게 되었다. 어떤 사람들은 능력이나 지능은 고정불변의 것이라고 믿는다. 이런 믿음은 '고착된 마음가짐' 이다. 반대로 어떤 사람들은 능력이나 지능은 얼마든지 개발될 수 있다고 믿는다. 이를 '성장 마음가짐' 이라고 한다. 드웩 교수는 이런 두 가지 마음가짐에 따라 어떤 차이가 나오는지를 보기 위해 첫 번째 마음가짐을 갖고 있는 학생들과 두 번째 마음가짐을 갖고 있는 학생들로 나누어서 수학 성적의 변화를 2년 간에 걸쳐 관찰했다. 그 결과는, 성장 마음가짐을 가진 학생들의 수학 등급은 점점 올라갔다. 반면에 고착된 마음가짐을 가진 학생들의 등급은 감소했다.

영국의 프리미엄 리그 소속 블랙번 로버스(Blackburn Rovers)의 책임자 중 한 사람인 토니의 고민을 풀어 준 사람도 바로 드웩 교수였다. 토니는 오랜 기간 동안 많은 유망주들이 왜 그들이 가진 잠재된 역량을 충분히 발휘하지 못할까? 하는 의문에 잠기곤 했다. 드웩 교수를 만난 후 그는 무릎을 탁 쳤다. 선수들에게 단순히 '슈팅 할 때는 이렇게 하라', '수비를 앞에 두고 드리블은 이렇게 하라' 등과 같은 스킬을 가르치는 것도 중요하지만 이보다 더 중요한 것은 선수들의 마음가짐을 '성장 마음가짐' 으로 바꾸는 것이다. 예를 들어, '고착된 마음가짐' 을 가진 선수들은 슈팅이 계속 빗나가면 이렇게 말할 것이다. '나는 선천적으로 슈팅 감각이 없어!' 혹은, '운동 신경이 부족해서 연습을 해도 안 돼.' 라고 체념하면서 자신감을 잃을 것이다. 반면 '성장 마음가짐' 을 가진 선수는 '나는 연습이 부족하다. 더 연습하면 좋아질 것이다' 라고 하면서 더욱 더 많은 연습을 할 것이다. 물론 후자의 믿음을 가진 선수일수록 위대한 선수가 된다.

영국으로 돌아간 토니는 훈련 내용을 상당 부분 뜯어 고치게 되었다. 이제 '성장 마음가짐' 을 갖도록 하는 것이 훈련의 초점이 된 것이다.

스스로에게 질문을 던져 보라! 그리고 진심으로 대답해 보자. "나는 생각의 자기실현성을 믿는가? 나는 성장 마음가짐을 가지고 있는가? 아니면 이런 걸 한낱 성공한 사람들의 자기미화식 스토리라고 무시해 버리는가?"

 **2 평균이 정답은 아니다…낙관주의의 힘**

유명한 진화생물학자 굴드(Gould) 박사는 1982년 40세에 복막

중피종이라는 희귀암에 걸렸다. 그는 1985년 유명 잡지 디스커버지 *Discover*에 다음과 같은 글을 기고했다.

1982년 나는 희귀 난치병인 복막 중피종에 걸렸다는 사실을 알게 되었다. 수술을 마치고 회복실에 있으면서 나는 의사에게 중피종에 대해 알 수 있는 가장 좋은 책을 알려 달라고 했다. 그러자 의사는 그리 권할 만한 책은 없다고 했다. 나는 걸을 수 있게 되면서 바로 하버드의대 도서관으로 직행해서 중피종에 관련된 모든 자료를 검색했다. 나는 복막 중피종의 모든 관련 자료들을 찾아서 한 시간 동안 숨죽여 읽었다. 이 자료들은 아주 명확했다. 복막 중피종은 치료가 불가능하고 수술을 받더라도 평균 생존 기간이 불과 8개월이라고 했다. 나는 15분 동안 넋을 놓고 앉아 있었다.

하지만 낙담하지 않았다. 사람의 수명은 단순 통계의 결과에 달린 것이 아니라 암과 싸우는 태도가 중요하다고 생각했다. 일반적으로 긍정적인 태도, 삶에 대한 강한 의지와 목적의식을 갖고 있고 적극적으로 치료를 받는 사람들이 더 오래 사는 것을 봐왔기 때문이다.

베이컨의 말대로, 지식은 정말로 힘이다. '평균 생존 기간 8개월' 이라는 말이 무엇을 의미하는가? 대부분의 사람들은 문장 그대로 '나는 아마 8개월 후에 죽을 것이다' 라고 해석할 것이다. 그러나 그것은 옳은 결론이 아니다. 나는 '평균 생존 기간 8개월' 이라는 말을 다른 관점으로 보게 되었다. 평균이라는 단어는 매우 추상적이다. 그래서 나는 복막 중피종의 생존 기간에 대한 통계치를 나만의 방식으로 해석했다. 내가 8개월이라는 평균치에 대해 알게 되었을 때 나의 첫 번째 지적인 반응은 '좋아, 절반의 사람들은 더 오래 살 것이다. 그 절반에 내가 있을 확률은 얼마인가? 나는 한 시간 동안 정신없이 자료를 읽은 후 안도의 숨을 쉬며 결론을 내렸다. 나는 생존 확률을 높이는 모든 특성들을 가졌다. 나는 젊으며, 초기 단계에서 병을 발견했다. 또한 국내 최고의 의료진에게 치료를 받을 것이다. 나는 살아야 할 세계가 있다. 나는 자료를 적절히 읽는 방법과 절망하지 않는 방법을 알았다. 또 하나 훨씬 더 위안이 되는 점을 찾았다. 복막 중피종 환자들의 수명 그래프를 보면 8개월이라는 평균치 오른쪽으로 꼬리가 가늘지만 아주 길게 늘어져 있는 것을 봤다.

굴드 박사는 자신이 평균치 오른쪽의 긴 꼬리 부분, 즉 8개월보다 훨씬 오래 사는 사람들 중 하나가 되지 않을 이유가 없다고 믿었다. 실제로 굴드는 철저한 건강관리를 통해 복막 중피종 판정을 받은 후 20년 동안 매우 활동적으로 일을 하다 2002년 세상을 떠났다. 사망 원인은 복막 중피종이 아닌 전혀 다른 병이었다.

이것이 낙관주의의 힘이다. 그렇다고 현실은 절대로 잘 될 수가 없는데 아무런 근거 없이 무조건 잘 될 거라고 믿으라는 말이 아니다. 상황이 어렵다는 것을 냉정하게 직시하면서도 어렵다고 포기하는 것이 아니라, 어려워도 헤쳐 나가서 결국에는 성공할 것이라는 확고한 믿음이 필요하다는 말이다.

굴드 박사는 복막 중피종의 생존율이 아주 낮다는 것을 직시했지만 자신이 처한 조건을 명확히 파악한 후 자신이 평균치의 왼쪽이 아닌 오른쪽에 속할 수 있다고 믿었으며, 그 믿음에 따라 적극적으로 노력을 한 것이다. 긍정적인 생각은 이처럼 사람의 수명까지도 좌우할 수 있다.

어려운 현실에 부딪쳤을 때 비관론에 빠져서 낙담하며 주저앉기보다는 결과에 상관없이 긍정적인 생각을 가지고 최선을 다해

해법을 구하는 것이 나 자신을 발전시킬 수 있는 일이 아닐까 싶다.

3 포러 효과를 극복하라

"도대체 왜 전화를 안 받는 거야?"

"바로 연락 줘!"

"어디서 뭐하고 있는 거야?"

K 원장은 남편에게 여러 번 전화했지만 통화가 안 되자 연이어
문자를 계속 보내고 있었다. 핸드폰 기록을 보니 두 시간 남짓 동
안 무려 다섯 통의 전화와 일곱 개의 문자를 보냈다. 김 원장은 그
래도 연락이 없는 남편에게 화가 났지만 자신의 행동에 더욱 더 짜
증이 났다.

K 원장의 남편은 7년 전쯤 고시 준비를 하겠다고 직장을 그만
두었다. 젊은 나이도 아닌데 고시를 준비하겠다는 남편을 끝까지
말렸지만 남편은 부인의 반대에도 불구하고 회사를 그만두었다. 3
년 정도 고시를 준비하던 남편은 가능성이 없다며 고시 공부를 포

기하고 사업에 손을 댔다. 그러나 사업도 번번이 실패했다. 이와 같은 일이 반복되면서 K 원장과 남편의 사이는 점점 나빠졌다.

K 원장이 용하다는 점집을 찾기 시작한 것은 그때부터다. 남편의 일이 잘 풀리지 않고 사이도 안 좋아지자 뭔가 뾰족한 수가 있을까 해서였다. 누군가 용한 점집이 있다고 하면 귀가 솔깃해서 만사 제쳐두고 찾아갔다. 그런데 점쟁이마다 다 다른 말을 했다. 남편이 앞으로 잘 풀릴 거라고 하기도 하고, 평생 백수로 살 거라고도 하며, 어떤 점쟁이는 남편에게 여자가 생겨 이혼하게 될 거라고 말하기도 했다. 처음에는 어떤 말을 믿어야 할지 혼란스러웠지만 남편의 일이 계속해서 안 풀리자 K 원장은 점점 '남편은 앞으로도 별 볼일 없다, 이혼하게 될 거다' 라는 말이 맞을 거라는 생각이 들었다. 이전에는 남편과 싸우더라도 이혼이라는 생각은 전혀 하지 않았다. 오랜 연애를 통해 서로의 사랑을 확인하고 결혼을 한 터라 남편이 비록 지금은 잘 나가지 않지만 가능성이 있는 사람이라 믿었고 그를 사랑하는 마음은 여전했기 때문이었다.

그러나 그때부터 그녀의 행동은 변하기 시작했다. 이혼이라는 것이 그녀의 마음에 또아리를 틀기 시작했다. 남편이 하는 일이나 행동을 여기에 꿰맞추기 시작했다. 조금만 늦게 들어와도 이 남자가 다른 여자를 만나고 있다고 생각했으며, 집에 와서 조금만 반찬 투정을 해도 자신이 미워서 그러는 것으로 해석했다. 모든 것을 이처럼 생각하게 되자 남편이 전화를 안 받으면 의심부터 했다. 이렇게 남편과의 관계는 점점 악화일로를 걸었다. 그러면서 점쟁이 말대로 이혼에 대한 확신만 굳어져 갔다. 남편과의 관계를 개선시키기 위한 그 어떤 노력도 하지 않았다.

1년이 지나서 K 원장은 결국 이혼했다. 이혼 후 다시 만난 K 원장은 나에게 자신이 한 잘못에 대해 후회의 말을 이어 나갔다.

"비록 남편이 돈은 많이 벌어다 주지 못했지만 아이들에게 자상하고 나를 항상 즐겁게 해주려고 노력하던 친구 같은 남편이었어요. 점쟁이 말만 믿고 남편의 모든 행동에 의심을 한 내가 바보 같아요. 남편은 다시 취직해서 잘 살고 있대요. 하지만 상황은 이미 돌이킬 수가 없네요."

사실 이런 일은 K 원장만 겪은 일이 아니다. 남편이 직장을 잃거나 그만두고 어려움을 겪는 부부 이야기는 살아가면서 흔히 접하는 얘기 중 하나다. 이와 같은 시련이 닥쳤을 때 부부가 서로 힘을 합해 이겨 나가는 경우가 있는 반면에, 위기를 극복하지 못하고 헤어지는 사람들도 있다.

K 원장은 점쟁이가 그들이 겪는 어려운 상황을 몇 가지 집어 말하면 점쟁이가 아주 용하다는 확신을 갖고 그 말을 모두 믿었다. 그리고 남편과 자신의 미래를 더욱 비관적으로 예측하면서 결과적으로 개선의 노력을 하질 않았다.

그러나 남편이 직장을 잃으면 많은 부부들이 이 두 사람과 비슷한 갈등을 겪는다. 점쟁이는 이 상황에서 일반적으로 일어나는 일들을 이야기했을 뿐인데, 세월이 흘러 그때를 뒤돌아보니 이런 점쟁이 말만 맹신하고 경솔하게 행동한 K 원장은 자신이 한심스럽게 느껴졌다.

K 원장처럼 어려운 일이 있을 때 점집을 찾는 사람들이 꽤 많다. 점괘가 나오면 그 내용이 다른 사람들이 일생을 거치면서 다 겪는 일반적인 것인데도 자기에게만 딱 맞아떨어지는 것으로 생각을 한다. 이런 현상은 심리학에서 말하는 '포러(Forer) 효과'와 비슷하다.

교정을 거닐던 심리학자 포러에게 갑자기 하나의 생각이 스쳐

갔다. 사람들이 성격 테스트 결과에 어떻게 반응하는지가 궁금해
졌다. 그는 바로 학생들을 대상으로 간단한 성격테스트를 했다. 그
뒤 성격 테스트에 대한 결과를 나누어 주었다.

그 결과라는 것이 신문에 나오는 오늘의 운세 또는 이번 주의
운세와 비슷한, 점성술란에 나오는 수준이었다.

대충 이런 식이었다. "당신은 다른 사람들로부터 사랑받고 싶
어하고 존경받고 싶어하는 욕구를 가지고 있습니다. 그러나 당신
은 자신에 대해서 비판적인 경향이 있습니다. 당신은 성격상에 약
간의 약점이 있습니다. 그러나 이런 약점은 일반적으로 극복할 수
있습니다. 당신은 아직까지 활용되지 않은 많은 숨겨진 재능을 갖
고 있습니다. 다른 사람에게 솔직하게 자신을 보이는 것은 현명하
지 않을 수도 있다는 것을 발견하곤 합니다. 당신은 외향적이고 상
냥하고 사회성이 있지만 내향적이고 조심스럽고 수줍어할 때도 있
습니다. 당신이 가지고 있는 꿈 중의 일부는 비현실적인 경향이 있
습니다."

학생들은 이 결과를 보고 깜짝 놀라는 반응을 보였다.

"야! 이것은 어쩜 내 성격을 그대로 맞췄네. 아주 훌륭한 성격

테스트인 걸? 정말 신통하네요. 교수님."

대부분의 학생들이 그 테스트 결과의 내용이 자신의 성격을 너무도 똑같이 반영하고 있다고 본 것이다. 테스트 결과가 자신의 성격을 얼마나 잘 반영하고 있는지를 5점 척도로 물어 보았더니 무려 평균 4.26이 나왔다. 그 뒤에도 이 같은 실험은 반복되었는데 그때도 거의 비슷한 결과가 나왔다.

이와 같이 누구나 가지고 있는 일반적인 특징을 자신만이 가지고 있는 고유한 특성으로 생각하는 심리를 '포러효과'라고 한다. 이 효과를 운명에 대한 믿음에도 적용시킬 수 있다.

나에게만 나쁜 일들이 일어나고, 나만 이런 어려움을 겪고 있다는 믿음이 있다면 지금부터는 이 어려움은 나뿐만 아니라 많은 사람들이 겪고 있는 일이라고 생각하자. 그것을 극복하는 사람도 있고 좌절하는 사람도 있다. 이제부터는 어려움이 있을 때 이렇게 말해 보자.

"나는 그것을 극복하는 사람이 되겠다."라고 말이다.

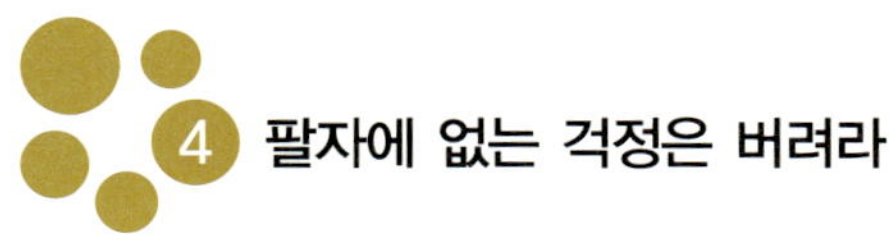 **4 팔자에 없는 걱정은 버려라**

"나는 너무 재수가 없는 사람 같아요. 무슨 일이든 잘 되는 게 없어요."

"나는 잘 살 자신이 없어요. 어제 저녁에 남자 친구에게 화를 좀 냈는데, 화가 많이 났으면 어떻게 하죠?"

"나는 추진력이 너무 떨어져요. 일을 하다가도 이것저것 잡생각 때문에 집중이 안돼요. 이러다 회사에서 잘릴 것 같아요. 그러면 큰일인데…"

"이번에 이사하려고 전셋집을 내놓았는데 집이 나갈 것 같지 않아요. 안 나가면 어떻게 하죠?"

J의 걱정스런 푸념을 Y는 별다른 대꾸 없이 조용히 들어 주고 있다. 둘은 학교 선후배 사이다. 같은 동네에 살고 있고 회사도 가까이에 있기 때문에 카풀로 같이 출근하는 경우가 많다. 출근 시 J는 늘 걱정과 한숨이 섞인 말들만 한다. J는 아주 사소한 일이라도 터지면 그 일을 가지고 소설을 쓴다. 그것도 있지도 않은 것을 죄

다 끌어들여 자신에 대한 부정적인 이야기를 창작해 낸다. 그런 J
와 2년 이상을 다니다 보니 자신이 마치 카운슬러라도 된 듯하다.
이런 J의 이야기를 듣는 Y는 몇 번이나 '그만해! 지금까지 비슷한
걱정들 계속 해왔는데 그런 일은 거의 일어나지 않았잖아!' 라고
말하고 싶은 걸 참고 있다.

"거의 매일 걱정거리를 듣는다고 생각해 보세요. 그게 얼마나
힘든 일인지… 휴!"

Y는 나에게 이런 고충을 이야기하며 후배의 푸념을 그만두게
하는 방법이 없겠냐고 물었다.

"Y 씨, 이제 내 마음 알겠어요? Y 씨가 가끔 나에게 일어나지
도 않을 걱정거리를 이야기할 때마다 나도 좀 스트레스를 받았다
는 것 말이죠."

나의 질문에 그녀는 웃으며 말했다.

"네, 후배의 모습을 보면서 제 자신을 많이 돌아 봤어요. 다른
사람을 만날 때마다 걱정거리를 늘어놓는다면 그 사람이 어떤 생
각을 할지…. 그런데 저는 그런 버릇이 많이 없어지지 않았나요?"

실제로 그녀는 최근 많이 바뀌었다. 얼굴도 많이 밝아지고 마

음도 여유로워 보였다. 그녀의 상황이 이전보다 좋아져서가 아니라 쓸데없는 걱정으로 스스로에게 스트레스를 주지 않았기 때문이다.

"지금까지 걱정하던 일 중 실제 일어난 일이 몇 퍼센트나 되는지 생각해 봤어요?"

"음, 정확히는 모르겠는데 일어나지 않은 일들이 훨씬 많은 것 같아요. 지나고 나면 일어나지도 않을 일에 미리 걱정하고 불안해하면서 보낸 시간이 아까웠던 적이 많아요."

그녀의 대답은 맞다. 우리가 걱정하는 것의 대부분은 쓸데없는 것이거나 실제로 일어나지 않을 것들이기 때문이다. 나는 그녀에게 놀랜 획스마(Nolen-Hoeksema) 박사의 오버 씽킹(over-thinking)이라는 개념을 설명해 주었다. 오버 씽킹이란 부정적인 생각이 꼬리에 꼬리를 물고 끝없이 계속되는 현상을 뜻한다. 그래서 이를 '이스트 효과'라고 부르기도 한다. 빵을 만들 때 이스트를 넣으면 부풀어 오르는 것과 같이 나쁜 생각이 계속 부풀어 오르는 것을 말한다. 처음에는 아주 작은 걱정거리가 점차 빵처럼 부풀어 큰 걱정거리로 변하게 된다. 그러나 오버 씽킹은 일종의 가정이나 마음대로 하는 상상일 뿐 대부분은 실제로 존재하지 않는 것들이다. 군대에 가면 야간에 보초를 설 때 지켜야 할 야간 감시요령을 가르친다. 그 중에 하나가 '마음대로 상상하지 말라' 이다. 어떤 물체를 보고 상상을 하면 그 물체가 이상한 것으로 보이기 때문이다. 밤에 보초를 서면서 어떤 나무를 보고 사람 같이 생겼다고 생각하면 할수록 꼬리에 꼬리를 무는 생각으로 진짜 적으로 보여 머리털이 쭈뼛쭈뼛 서는 경우가 있다. 이와 같이 잘못된 상상을 하면 할수록 우리는 제대로 된 판단을 할 수 없다. 오버 씽킹으로 무장한 사람들은 자신의 좋은 면을 보지를 않는다. 오로지 나쁘고 부정적인 측면만을 생각한다. 그리고 일어 날 가능성이 없거나 아주 사소한 일에도 부정적인 의미를 잔뜩 갖다 붙인다. 자면서도 하늘이 무너질 것을 걱정할 정도다. 이런 사람들은 인생을 불안 속에서 살게 된다.

어니 첼린스키(Ernie Zelinski) 박사의 연구 결과에 따르면 우리가 하는 걱정거리의 40%는 실제로 일어나지 않고, 30%는 이미 과거에 일어난 일이며, 22%는 아주 사소한 고민이다. 나머지 4%가 우리의 힘으로도 어쩔 수 없는 것들이다. 우리가 진짜 걱정을 하며 대처해야 하는 것은 이 4%뿐이다. 우리가 하는 걱정거리의 96%는 걱정할 필요가 없는 것들이란 말이다. 쓸데없이 걱정만 하는 사람을 보고 우리는 '걱정도 팔자다'라고 하면서 위안을 주려 한다.

옛날에 그렇게 걱정 했던 것이 지금 와서 보니 아무것도 아닌 일들이 너무도 많다. 이제 부정적인 걱정보다는 좋은 쪽의 고민해 보자. '이 아이디어를 어떻게 하면 더 좋게 만들 수 있을까?', '가족에게 어떻게 하면 더 잘해 줄까?' 와 같은 고민 말이다. 팔자에도 없는 걱정은 이제 버리자.

5 행복은 전염성이 강하다

"좋은 아침이에요. 사무실에 별 일 없죠?"

"…별로 안 좋아요…"

감성이 풍부하다 못해 감정 기복이 좀 심한 동료가 있다. 내 개인 사정으로 회사에 자주 출근하지 못하던 때 주로 그 동료와 전화로 업무에 대해 상의했다. 자신의 기분을 다른 사람에게 그대로 드러내기 때문에 그녀와 전화를 할 때면 오늘은 그녀의 기분이 어떤지 점점 걱정되었다. 기운 없이 전화를 받으면 나 역시 기분이 가라앉아 전화 통화 후 다시 기분을 살리려면 시간이 필요할 정도다.

반면, 그녀가 밝은 기분일 때 통화하고 나면 나도 즐겁고 전화를 끊은 후에도 기분이 좋았다. 나는 그녀의 기분에 따라 나의 기분이 휘둘리지 않게 하려고 노력했지만 생각만큼 쉽지 않았다. 그렇게 쉽지 않았던 이유에 대한 답을 '거울 뉴런' 이라는 우리 뇌의 세포에서 찾을 수 있었다. 이는 다른 사람의 행동을 보는 것만으로도 자신이 그 행동을 할 때와 똑같이 반응하는 신경세포이다. 이 뉴런 때문에 다른 사람들의 감정을 읽고 내 감정이 그 영향을 받을 수밖에 없는 것이다. 그래서 흔히 말하는 공감이나 감정이입이 가능해지고 다른 사람들의 행동을 따라 하게 되는 것이다. 이 거울 뉴런에 대해 많은 학자들의 연구가 계속 이루어지고 있다.

최근에 마리 다스보로(Marie Dasborough) 박사는 성과에 대해 피드백을 줄 때, 주는 사람의 감정에 따라 상대방이 이 피드백을 어떻게 받아들이는가를 연구했다. 두 그룹으로 나누어 관찰했

다. 첫 번째 그룹은 업무 성과가 좋지 않다는 부정적인 피드백을
받았다. 그러나 피드백을 줄 때 얼굴에 미소를 띠고 고개를 끄덕이
며 공감을 표시하는 등 긍정적인 감정 표시를 하며 피드백을 주었
다. 두 번째 그룹은 업무 성과가 좋다는 긍정적인 피드백을 받았
다. 그러나 피드백을 줄 때 얼굴을 찡그리고 눈살을 찌푸리며 비판
적인 모습으로 피드백을 주었다. 그 뒤 두 그룹의 감정 상태를 비
교했다. 두 번째 그룹이 첫 번째 그룹보다 더 기분이 좋지 않았다.
좋은 내용을 말하더라도 말하는 사람의 나쁜 감정이 상대방에게
전달된다면 효과가 없다는 것이다.

감정이 이렇게 전달이 된다면 행복한 감정은 어느 정도나 내
주변 사람들에게 퍼져나갈까?

하버드대 크리스타키스(Christakis)와 캘리포니아대 포울러
(Fowler) 교수는 1983년부터 2003년까지 20년 간 4,739명을 대
상으로 행복이 어떻게 사람들에게 전염이 되는가를 연구했다. 그
결과 행복한 사람들은 주변 사람들에게 행복을 전염시킬 가능성이
아주 높게 나왔다. 이런 효과는 3단계 떨어진 사람에게까지 영향
을 미친다. 어느 한 사람이 행복하면 친구의 친구에게까지 행복이

전달된다는 의미이다. 아래의 그림에서 보는 바와 같이, 구체적으로 자신과 직접 접촉하는 사람이 행복하면 자신이 행복감을 느낄 가능성이 15%, 그 친구의 친구는 10%, 그 친구의 친구의 친구는 6% 올라간다. 4단계부터는 별로 영향을 받지 않는다.

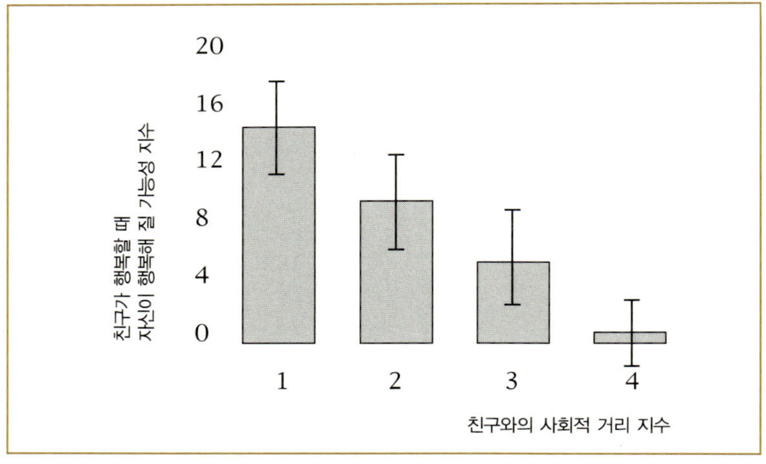

행복은 이렇게 전염성이 강하다. 따라서 자신이 기분이 꿀꿀해도 겉으로 내색을 하지 않는 것이 좋다. 이 연구를 수행한 포울러 교수는 '밖에서 기분이 꿀꿀한 상태로 귀가하면 사랑하는 아내와

자녀들, 더 나아가서 그들의 친구, 친구의 친구에게까지 영향을 주기 때문에 자신의 기분에 대해 책임감을 느껴야 한다'고 말한다. 그래서 그는 집에 들어갈 때면 아무리 기분이 나쁘더라도 일부러 자신이 좋아하는 노래를 부른다고 한다. 이 얼마나 멋진가!

행복한 사람은 여러 가지로 이득이 있다. 그들은 더 창의적이고 건강하고 생산성이 높다. 그렇다고 기분이 꿀꿀한 친구를 만나지 말아야 하는가? 이 연구자들은 그렇지는 않다고 한다. 자신이 행복한 얼굴을 하고 있으면 상대방도 이에 전염이 되어 행복감을 느낄 수 있다는 것이다. 행복한 얼굴이 꿀꿀한 얼굴을 이긴다는 것이다. 물론 도저히 이런 것이 안 통하는 친구들이 있다. 만나자마자 불평불만으로 시작해서 불평불만으로 끝내는 친구가 있다. 아무리 웃는 얼굴로 대해도 전혀 먹혀들지 않는다. 그런 경우에는 가능한 그런 친구들과 함께 보내는 시간을 줄여보는 것도 도움이 된다. 아예 피하는 것이 상책인 것이다. 그러나 이런 극단적인 경우는 그렇게 많지 않다.

비오 살라(Fabio Sala) 박사의 연구에 따르면, 성과가 탁월한 리더들은 성과가 중간 정도의 리더보다 멤버들을 평균 3배 정도 더 웃게 만든다고 한다. 좋은 분위기 속에서 멤버들은 정보를 효과적으로 찾고, 스피드 있고, 창의적으로 반응했다. 리더의 행복한 기분이 멤버들에게도 행복감을 주어 결국에는 성과에까지 영향을 줄 수 있다는 말이다. 오늘 당신이 행복하다면 당신이 모르는 사람들에게까지 기쁨을 퍼뜨릴지 모른다. 행복은 전염된다. 친구간, 이웃간, 가족간에 마치 감기처럼 퍼진다. 웃는 얼굴, 행복한 미소를 짓는 것은 그리 어려운 일이 아니다. 나의 동료들, 지인들, 가족들이 나로 인해 행복해진다면 노력할 만한 가치가 있지 않은가?

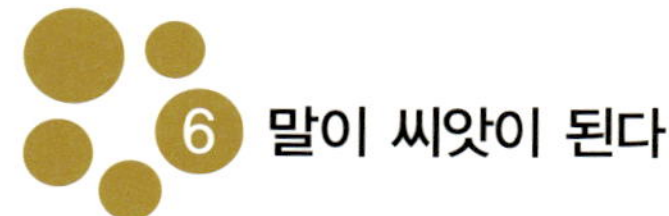

6 말이 씨앗이 된다

영업소장을 위한 리더십 교육과정을 만들기 위해 영업소를 방문하여 소장들의 행동을 직접 관찰할 기회가 있었다. 먼저 실적이 가장 좋은 영업소를 방문하여 아침부터 저녁까지 영업소장과 멤버들을 관찰했다. 가장 먼저 아침조회 하는 모습을 눈여겨보았다.

"김 대리, 어제 까탈스러운 고객의 클레임을 처리하느라 고생 많았지?"

조회시간에 소장이 한 말의 일부이다. 소장은 멤버들의 기운을 북돋는 언어로 조회를 시작했다. 조회가 끝나자 그들의 얼굴에는 잘 하겠다는 의지가 역력했다.

다음 날 나는 실적이 좋지 않은 곳을 방문하여 아침 조회 장면을 유심히 관찰했다.

"정 과장, 이번 달 영업실적이 이게 뭐야? 이렇게 하고도 월급을 받아가는 게 창피하지도 않아?"

전날 방문한 영업소와는 전혀 다른 모습이었다. 소장의 목소리에서 전혀 생기가 없었다. 이런 말을 듣고 있는 사람들의 얼굴에는 지친 기색이 역력해 보였다. 조회가 끝나자 어깨들이 축 늘어져 있었다. 이렇듯 두 영업소는 아침조회 모습부터 대조가 되었다.

어떤 행동을 수행하기 직전에 준 정보가 행동에 영향을 미치는 것을 '점화효과'라고 한다. 영업소의 조회 모습에서 본 바와 같이 조회 시에 영업소장이 무슨 말을 했는가에 따라서 영업사원들의 행동은 달라질 수 있다는 것이다. 진짜 그럴까?

점화효과를 검증하기 위해 여러 실험이 진행되었다. 바그와 그의 동료들(Bargh, Chen, & Burrows)은 실험 참가자들을 다 모아 놓고 과제를 설명했다. 참가자들은 두 개의 과제를 풀어야 한다. 첫 번째 방에서 주어진 과제를 끝내면 같은 층에 있는 다른 방으로

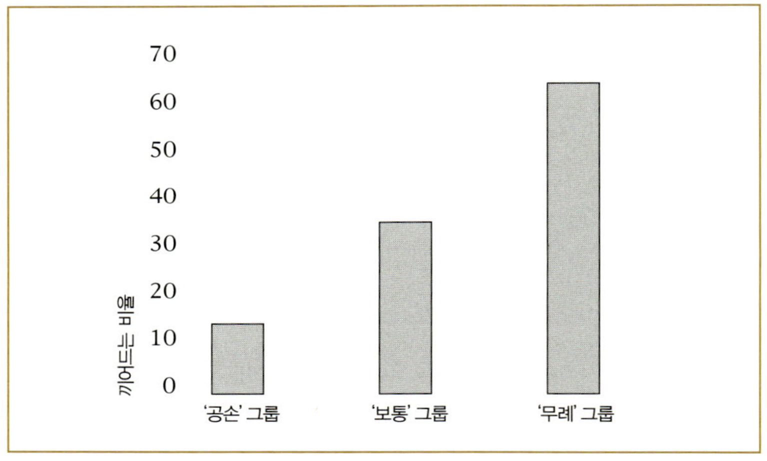

세 가지 '점화상태' 별로 10분 이내에 실험자에게 끼어든 참가자 비율

자리를 옮겨 두 번째 과제를 풀면 된다. 첫 번째 방에서 먼저 어떤 단어를 제시하고 이를 가지고 완전한 문장을 만들게 하는 실험을 했다. 예를 들어 '인사한다', '아버지', '나는', '정중하게' 라는 단

어를 제시하면 참가자들은 '나는 아버지에게 정중하게 인사한다.' 와 같이 문장을 만들면 된다. 그룹을 무작위로 세 그룹으로 나누었다. 첫 번째 그룹에게는 '아주 공격적인', '대담한', '무례한', '괴롭히다', '끼어들다' 등과 같은 무례한 단어로 구성된 과제를 냈다. 두 번째 그룹에는 '존경하다' '배려하는', '감사하다', '인내심이 많은', '점잖은', '예의 바른'과 같은 예의 바른 단어로 구성된 과제를 냈다. 세 번째 그룹에게는 그냥 일반적인 '보통의', '보내다', '준비하다', '주다' 등과 같은 단어로 구성된 과제를 냈다. 참가자들은 첫 번째 교실에서 이 과제를 열심히 풀었다. 보통 10분만에 주어진 과제를 풀었다. 문제를 풀면서 세 그룹은 머릿속에 서로 다른 생각을 품게 되었을 것이다. 예를 들어 '무례함'이라는 단어를 가지고 열심히 문장을 만든 사람은 무례함이라는 생각을 더 많이 하였을 것이다. 과제를 해결하고 참가자들은 두 번째 과제를 수행하기 위해서 다른 장소로 옮겼다.

두 번째 방에 가서 보니까 다른 사람들이 앉아 있었다. 그리고 실험을 주관하는 사람이 내용을 이해하지 못하는 참가자에게 설명을 하고 있었다. 물론 이들은 흔히 이야기하는 바람잡이들이다. 이

상황에서 첫 번째 방에서 온 사람들 중 어느 그룹이 '이제부터 우리는 무엇을 해야 합니까?' 라고 끼어들기를 잘할까? 가장 많이 끼어든 사람들은 '무례한' 이라는 단어를 가지고 과제를 수행했던 그룹이었다. 그 다음은 '보통의 단어' 그룹 그리고 '예의 바른' 단어 그룹 순이었다.

이렇듯 첫 번째 방에서 이루어진 정보들이 두 번째 방에서의 행동에 영향을 미치는 것이다. 이 연구자들은 더 흥미 있는 연구를 했다. 실험 방법은 처음 실험과 비슷하다. 이번에는 나이가 많이 든 노인을 연상하게 하는 단어를 제시하면 이를 가지고 문장을 만들면 된다. 이 과제를 진행한 다음 그들의 걸음걸이가 어떻게 변하는지를 알아보기 위함이다. 물론 여기에 참가한 사람들은 아주 팔팔한 대학생들이다. 이들에게 '걱정이 많은', '늙은', '회색,' '이기적인', '고집 센', '조심성이 많은', '보수적인', '은퇴한' 과 같은 단어를 제시했다. 참가자들은 금방 과제를 풀었다. 이 과제가 과연 이들의 걸음걸이에 영향을 미쳤을까? 그 결과에 모두들 깜짝 놀랐다. 과제를 마치고 건물을 나서는 이들의 걸음걸이가 노인과 같이 느려진 것이 아닌가? 일반적인 학생들과는 달리 너무 느려진 것이다.

우리는 '힘 있는 단어를 선택해야 한다.', '긍정적인 말을 써야 한다.'라고 줄곧 들어왔다. 이 실험에서 볼 수 있는 바와 같이 우리는 상대에게 어떤 말을 쓰는가에 따라서 많은 영향력을 미치고 있는 것이다. 이제 자신이 사용하는 단어를 한번 점검해 보자. 말이 내 운명의 씨앗이 되기 때문이다.

7 로드맵을 명확히 하라

"김 차장은 어떤 인생 로드맵을 갖고 있나요?"

김 차장은 회사에서 제공하는 리더십 교육과정에 참가하고 있다. 이 교육을 받고 나면 바로 한 부서의 장이 된다. 교육과정이 진행되는 동안 자신이 근무하는 부서와는 다른 부문의 임원을 멘토로 정해서 3개월 동안 멘토링을 받도록 되어 있었다. 자기 부문에 있는 임원을 멘토로 정하면 참가자가 심적인 부담을 더 가지게 되고 속마음을 솔직하게 털어 놓지 않을 것 같아서였다. 김 차장은 자신의 멘토인 이 전무를 찾아갔다. 찾아가기 전에 리더십에 대한 여러 가지 질문을 준비했다. 예를 들어 '전무님께서 제 나이일 때 가장 보람 있었던 일은 무엇이었습니까?', '가장 즐겨 읽고 있는 책은 무엇입니까?' 등 평소 궁금했던 것들을 물어 보려고 했다. 그러나 이런 준비 사항은 전혀 소용이 없었다. 전무는 잠시 이야기를 나누더니 김 차장에게 인생 로드맵이 있냐고 묻는 것이다.

이 질문을 받고 김 차장은 하늘이 노래졌다. 준비가 안 되어 있었던 것이다. 김 차장은 말문을 열지 못했다. 침묵이 흘렀다. 전무는 김 차장에게 숙제를 내줬다.

"다음 주까지 인생의 로드맵을 그려가지고 오게. 지금까지 김 차장의 실적을 보니 맡은 프로젝트의 경우 거의 모두 성공적으로 이끌었구먼. 프로젝트의 성공에 완벽한 로드맵을 만들어 진행한 김 차장의 역량이 큰 역할을 했을 것이라 생각하네. 그런데 자기 인생의 로드맵에 대해서는 아무런 생각도 하지 않고 있다니 의외로군."

이 말을 듣고 나온 김 차장은 자신이 생각해도 벌써 나이 사십이 되었는데 남은 인생에 대한 뚜렷한 청사진을 가지고 있지 않은 것이 너무도 창피했다.

그날 밤 김 차장은 책상에 앉아 난생 처음으로 진지하고 심각하게 인생 로드맵을 그려 보았다. 막상 그리려고 하니까 잘 그려지지 않았다. 회사 일에 대한 계획을 세울 때는 몇 날 며칠을 밤을 세워가면서 정성을 다했다. 그러나 진짜 중요한 자신의 인생 로드맵에 대해서는 그전까지 심각하게 고민하지도 않았다. 인생의 로드맵을 가지고 있지 않았던 자신에 대해 약간은 실망스럽기도 했다. 어디서부터 시작해야 할지 몰랐다. 그 순간 가장 먼저 떠오른 것은 프로스트의 「가지 않은 길」이란 시였다.

노란 숲 속에 두 갈래 길이 있었습니다…. 훗날에 어디에선가… 나는 사람들이 적게 간 길을 택했고, 그것으로 인해 모든 것이 달라졌다고.

이 시를 읽으면서 용기를 얻기도 했고 두려워하기도 했다. 김 차장은 그날 밤 인생의 로드맵을 그릴 수 없었다. 회사에 와서도 제대로 일이 손에 잡히질 않았다. 퇴근 후 다시 책상에 앉았다. 나는 어떤 사람이 되고 싶은가? 무엇을 하는 사람이고 싶은가? 라는 원초적인 질문 앞에서 고민하고 또 고민했다. 그렇게 고민한 지 한참이 지나서야 로드맵을 그릴 수 있었다. 김 차장은 그 뒤로 자신이 맡은 프로젝트만큼이나 자신의 인생 로드맵 역시 다듬어가면서 살았다. 교육 과정을 마무리하면서 그것을 일깨워준 전무님에게 감사의 말도 잊지 않았다.

하버드대학의 탈 벤-샤하르(Tal Ben-Shahar) 박사는 자신이 쓴 『행복론』 *Happier*에서 행복은 "한방에 성취되는 것이 아니다. 자신의 인생 로드맵을 가지고 오랜 기간 동안 운전을 하면서 찾아가는 것이다."라고 말한다. 행복은 이처럼 찾아가는 과정이다. 그런데 만일 자신의 인생에 대한 로드맵이 없다면 어디로 운전의 방향을 잡을 것인지 알 수가 없지 않은가? '지금 나는 행복한가?' 라는 질문보다 '나는 어떻게 하면 지금보다 행복할 수 있을까?' 라는 질문을 던지는 사람이 진정한 행복을 추구하는 사람들이라고 한다. 지금보다 좀 더 행복할 수 있는 내 인생의 로드맵은 무엇인가? 이에 대한 답을 스스로 준비해 보자. 로드맵이 명확하면 그 로드맵이 실현될 가능성은 더 크다. 그 로드맵이 우리를 강력하게 끌어당기기 때문이다. 인생을 멋지게 산 사람치고 로드맵이 없는 사람을 본 적이 있는가?

 **결론…이것 역시 곧 지나가리라**

30대 후반의 총각이 드디어 결혼을 하는 날이다. 아주 능력이 뛰어난 신랑이다. 브라질 삼바 춤에도 일가견이 있다. 주위에서 여자를 소개시켜 준다고 말을 할 때마다 싫다고 한 이유를 알 것 같았다. 결혼을 약속한 여인이 있었던 것이다. 그 날의 주례는 직장의 상사가 맡았다. 그의 주례사는 지금도 기억에 남는다. "이것 역시 곧 지나가리라."

주례사의 핵심은 바로 이것이었다.

"잘 나간다고 오만하게 굴고 까불지 말고 이 구절을 생각해 보십시오. 어려움에 처할 때 역시 이 구절을 떠올리면서 용기를 잃지 마십시오."

끝으로 그는 이와 관련된 말로 매듭을 지었다.

"올해도 이제 얼마 남지 않았습니다. 혹시나 어려움이 있는 분은 이 어려움이 곧 지나간다는 생각으로 희망을 품고, 잘 나가는 분들은 겸손한 마음으로 내년을 준비해보시기 바랍니다."

이 말을 듣고 결혼식에 참석했던 많은 사람들은 커다란 용기를 얻음과 동시에 겸손해져야 한다는 마음을 다지는 듯했다.

나는 집에 돌아오자마자 인터넷에서 그 구절을 찾아봤다. 유래가 어떻게 되는지 무척 궁금했기 때문이다. 그 내용은 다윗 왕으로부터 전해진다. 다윗 왕은 어느 날 보석 세공인에게 반지 하나를 주문했다.

"나에게 반지를 만들어 달라. 그 반지에는 내게 교훈이 될 만한 글을 새겨 넣어야 한다. 그 내용은 내가 전쟁에서 승리하거나 커다란 일을 이루었을 때 교만해지지 않고 겸손해 질 수 있는 그런 글귀여야 한다. 또한 아주 커다란 시련이나 힘든 일이 생길 때 마음의 위안과 용기를 얻을 수 있는 글귀여야 한다."

보석 세공인은 어떤 글귀를 새길 것인가를 밤낮으로 고민했지만 도무지 마땅한 글귀가 떠오르질 않았다. 그렇다고 아이디어가 떠오를 때를 마냥 기다릴 순 없었다. 그래서 그는 솔로몬 왕자를 찾아가 도움을 청했다. 솔로몬 왕자는 우리에게 '지혜의 왕'으로 각인되어 있다. 보석 세공인은 아버지 다윗 왕이 자기에게 부탁한 이야기를 다 한다. 영리한 솔로몬 왕자는 잠시 동안 생각하더니 보석 세공인에게 '이것 역시 곧 지나가리라' 라는 문구를 반지에 새겨 넣으라고 하는 것이 아닌가. 그러면서 그 의미를 설명해 주었다. 보석 세공인은 이 말을 듣고 뛰고 싶을 정도로 기뻤다. 그는 한 걸음에 달려와 반지에 그 글을 정성스럽게 새겼다. 그리고 다윗 왕에게 바쳤다.

이 이야기를 읽은 후 한결 마음이 가벼워진다. 비록 한 줄의 글귀이지만 요즘처럼 많은 사람들이 어렵다고 힘겨워 할 때 많은 용기를 준다. 이 어려움 또한 언젠가 지나갈 것 아닌가? 생각에는 자기실현성이 있다는 것을 믿고 어려움도 극복할 수 있다는 긍정적인 생각을 해 보자.

향기로운 마음
을 갖추어라

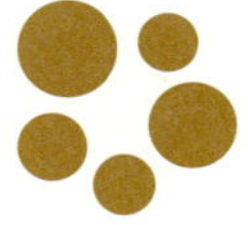

하는 일마다 족족 실패해서 실의에 빠진 한 남자가 어느 날 부처를 찾아갔다. 그는 무릎을 꿇고 물었다.

"왜 제가 하는 일은 제대로 되는 게 없습니까? 그 이유를 가르쳐 주십시오."

부처는 한참 생각한 후에 대답했다.

"너 혼자서만 살려고 하고 다른 사람들에게 베풀지 않았기 때문이니라."

그러자 이 사람은 "저는 가진 것이라고는 아무 것도 없습니다. 남에게 줄려고 해도 줄 것이 없습니다. 저보고 어떡하란 말입니까?" 라고 말하자 부처는 그를 자비로운 눈길로 바라보며 말했다.

"그렇지 않느니라. 네가 비록 금전적, 물질적으로 아무리 가진 것이 없어도 줄 수 있는 것은 많단다. 바로 일곱 가지의 선행인 칠시(七施)란다."

부처가 말한 칠시의 내용은 다음과 같다.

첫째는 화안시(和顔施)다. 항상 상대방을 부드러운 얼굴과 웃는 표정으로 대하며, 편안함과 친근감을 느낄 수 있도록 표정관리를 한다.

둘째는 언시(言施), 즉 좋은 말을 쓰는 것이다. 화가 치밀어 올라도 좋은 말씨를 쓰면 자신의 마음도 이내 좋아지고 상대에게도 깊은 상처를 주지 않는다. 사랑하는 말, 인정하는 말, 배려하는 말을 쓰는 것이다. 상대도 좋은 말씨로 화답하게 된다.

셋째는 심시(心施)다. 따뜻한 마음을 갖는 것이다. 이런 마음을 가지고 있으면 속이 편안하고 한결 여유가 생긴다. 살아가면서 남을 억울하게 하거나 못살게 굴지 않는다. 많은 사람들은 남이 잘되는 것을 시기하며, 다른 사람이 잘되는 것을 보면 배 아파한다. 이런 생각보다는 서로가 잘되기를 바래야한다.

넷째는 안시(眼施), 즉 부드럽고 따뜻한 눈빛으로 보는 것이다. 이런 눈빛으로 상대를 보면 상대는 마음의 안정을 찾을 수 있다. 결코 증오와 분노의 눈빛으로 보지 않으며 사랑이 넘치는 포근한 눈빛을 잃지 않는다.

다섯째는 신시(身施)로 다른 사람의 일을 몸으로 도와주는 것이다. 무거운 짐을 든 사람을 보면 도와주고 동료가 일이 많으면 나누어 처리한다.

여섯째는 좌시(坐施)다. 다른 사람을 위해서 자리를 양보하고 앉을 자리를 깨끗하게 준비해 두는 것이다. 앉을 자리가 깨끗하게 정리되어 있으면 기쁘기 때문이다.

일곱째는 찰시(察施), 즉 상대의 속마음을 헤아려서 상대가 도움을 요청하지 않아도 알아서 도와주는 마음이다. 항상 도우려는 자세가 되어 있는 사람이어야 한다.

부처의 칠시는 다른 사람에 대한 관심, 배려와 사랑 그리고 인간미를 갖추는 것이다. 뛰어난 능력을 지니고 있다하더라도 인간미가 없이 건조하면 사람을 감동시킬 수 없다. 능력이 뛰어난 사람은 많다. 그러나 능력과 인간미를 겸비한 사람은 그리 많지 않다. 인간미란 그 사람이 지닌 향기이다. 당신의 마음으로부터 깊은 향기가 느껴질 때 사람들은 당신을 향해 진정으로 마음을 열게 된다. 그렇다면 인간미를 갖추기 위해 어떤 행동과 태도가 필요할까?

1 인간미는 관심에서 시작된다

"팀장님, 안녕하세요!"

"어, 정 대리. 요 며칠간 안보이던데. 어디 좋은 데로 휴가 갔다 왔어?"

월요일 사무실에 들어서면서 팀장으로부터 이런 질문을 받은 정 대리는 황당했다. 지난 수요일 어머니가 갑자기 쓰러지시는 바람에 팀장에게 보고하고 휴가를 낸 뒤 오늘에야 출근한 것이다. 그런데 팀장은 자기가 왜 며칠간 회사에 나오지 못했는지 기억조차 못하는 것이다. 이런 일이 이번 뿐만은 아니었다. 팀 회식 자리에서도 한참 이야기가 오간 뒤에 또 다시 되묻는다. 가끔 '저 팀장이 내 이름이나 알고 있을까? 매일 정 대리라고 부르니 성밖에 모를 수도 있어.' 라는 생각이 들 때도 있다.

입사 1년차 신입사원들과 점심식사를 한 적이 있다. 나는 그들에게 직장 내에서 존경하는 선배나 상사의 특성이 무엇이냐고 물었다. 1순위는 바로 '관심' 이었다. 그들은 업무 이외에 개인적으로도 관심받길 원했다. 그들은 관심을 이렇게 정의했다.

"관심은 업무를 지시하고 진짜 얼마나 잘하고 있는지 알아보기 위해서 체크를 하는 것입니다. 그리고 새로운 일을 맡겼을 때는 지원을 해주는 것입니다. 그러면서 생일과 같은 개인적인 것도 챙기는 것입니다."

우리에게도 친숙한 히딩크 감독은 이런 배려를 아주 잘 하는 사람으로 알려져 있다. 선수 개인의 역량에 대해서뿐만 아니라 개인적인 일들에 대해서도 관심과 배려를 많이 한다고 한다. 자신이 지도하는 선수들은 물론 팬, 스태프, 심지어 취재 기자들까지 일일이 배려하는 히딩크의 모습에서 진정한 인간미를 느낄 수 있다고 한다. 아인트호벤에서 선수 생활을 했던 한스는 히딩크 감독에 대해 이런 말을 했다.

"히딩크 감독은 많은 성공을 거둔 사람입니다. 그에게서는 사람의 냄새가 납니다. 히딩크는 정말 괜찮은 사람입니다. 히딩크 감독은 커피를 좋아합니다. 히딩크 감독은 나를 보면 '한스, 커피 한 잔 같이 하겠나?' 라고 묻곤 했죠. 우리는 커피를 앞에 두고 축구뿐만 아니라 인생사까지 모든 이야기를 나누었습니다."

이렇듯 상대가 나에 대허 관심을 보일 때 그 사람에게서 인간미를 느끼게 된다.

관심을 보일 때 주의할 사항이 몇 가지 있다.

첫째, 관심을 보이는 듯하지만 실제로는 믿지 못하는 마음 때문에 체크를 하는 경우도 있다. 그것은 '네가 얼마나 잘하겠느냐' 하는 불신의 눈초리로 체크하는 것이다. 상사는 아닌 척하면서 관심을 가장한 의심을 한다. 그렇지만 부서원은 관심과 의심 간의 차이를 본능적으로 안다.

둘째, 관심이 지나치면 간섭이 되고 더 나아가 집착이 된다. 사람은 스스로 생각할 수 있는 기회를 원한다. 그런데 누군가가 틀을 짜주고 거기에 무조건 맞추면서 배 놔라 감 놔라 하면, 그것은 관심이 아니라 간섭이라고 느낀다. 관심은 커다란 줄거리를 그려주고 그 안에서 사람들이 자유롭게 생각하도록 하는 것이다. 앞의 신입사원들은 간섭이 얼마나 그들을 힘들게 하는지를 이렇게 말한다.

"회사에 오면 숨을 못 쉬겠어요. 우리 팀장은 생산설비에 대해서 전혀 모르면서 모든 것을 간섭하려고 해요. 참으로 답답하죠. 팀장은 자신의 이러한 행동을 관심이라고 말하지만 우리 팀원들은 간섭이라고밖에 생각할 수 없어요. 업무를 맡겨놓고 숙제검사 하듯이 얼마나 했느냐? 언제까지 하느냐? 식으로 따지고 확인하는 것보다는, 업무가 막히고 팀원이 힘들어 할 때 조언을 해주는 리더의 모습이 올바른 관심이라고 생각합니다."

셋째, 개인적인 관심이 중요하지만 주의해야 한다. 최근 들어 개인적 케어가 중요시 되면서 부서의 동료나 상사가 자신의 생일, 결혼기념일, 부모님 생일, 더 나아가서 기일까지 챙겨주는 경우도 있다. 그러나 개인적 관심이 지나쳐 사생활 침해라는 느낌이 들게 할 수도 있다. '여자 친구 있느냐?' 라고 물어 보는 것이 묻는 사람은 관심의 표현이라고 생각할지 모르지만 당사자는 곤혹스러운 일일 수도 있다. 진정한 케어라는 것은 상대방의 입장에 서서 해주는 것이다.

넷째, 상대에게 관심을 보이기 위해 대화를 시작했으면서 자신의 이야기만 하는 사람도 많이 있다. 이것은 관심이 아니라 고역이 될 수도 있다. 관심을 보인다는 것은 상대가 자신의 이야기를 많이 하도록 하는 것이다. 사람은 자신의 이야기를 할 때 주인공이 된 듯한 기분을 느끼게 된다. 주인공이 된다는 것은 늘 기분 좋은 일이 아닌가?

끝으로, 관심의 진짜 중요한 측면이 있다. 힘들어할 때, 실수나 실패로 지쳐있을 때, 어려운 난관에 봉착해서 누군가의 손길이 절실히 필요할 때 보이는 관심이다. 이럴 때 내가 보이는 관심 하나는 상대의 인생을 바꿀 수도 있는 큰 힘을 지닐 수도 있다. 이 순간을 파악하지 못하거나 알면서도 외면한다면 나는 상대에게 더 이상 중요한 사람이 될 수 없다. 사람들이 잘 할 때 관심을 보이기는 쉽다. 그러나 진정한 관심은 잘 못할 때 갖는 것이다. 가족, 동료, 후배나 아랫사람들에게 조그만 관심을 가져 주는 것만으로도 그들의 성장과 발전에 도움을 줄 수 있다. 학창 시절 선생님의 작은 관심 하나로 우리의 인생행로가 얼마나 많이 바뀌었는지를 기억하라.

　얼마 전에 만난 나의 지인은, 나이는 먹고 있으나 거기에 걸맞는 인품, 지식은 제대로 배양하지 못하면서, 무엇보다 사람에 대한 관심, 나눔, 사랑이 부족한 삶을 살고 있구나! 하는 느낌이 든다고 한다. 그래서 어떻게 하면 관심과 나눔을 실천할 수 있을까? 그 방법을 고민 중이라고 했다. 직장에서만도 동료, 상사, 후배들에 대한 관심과 배려가 턱없이 부족하고, 그럴 때마다 사랑에 관한 좋은 책을 읽은 뒤 바로 몸에 익혀 실천하지 못하는 자기 자신이 밉다는 것이다. 관심이든 사랑이든 아니면 뭐든 시작은 다른 사람에 대한 관심이 아니겠는가.

2 웃음은 명약이다

"대표님, 안녕하세요! 그동안 잘 지내셨어요?"

　그녀의 음성은 10년 전이나 지금이나 똑같았다. 나는 그녀가 대리였을 때부터 알아 왔다. 그녀의 목소리는 무척이나 절제되어 있다. 심지어 만나서 인사를 하면서도 얼굴에서 웃음기라곤 찾아볼 수가 없다. 음성에서는 한결같이 차가움만이 느껴질 뿐이다. 그 때문인지 그녀에게서는 인간미를 느낄 수가 없었다. 나는 그녀와 대화를 할 때마다 얼굴과 음성에 웃음이 조금만 있다면 얼마나 좋을까라는 안타까운 마음이 들곤 한다.

어린아이들은 하루 평균 300번 이상을 웃는다. 반면에 성인들은 6번에 불과하다고 한다. 성장해 가면서 웃음을 점점 잃어 간다는 말이다. 회사에서는 웃으면서 일하면 다른 사람들이 논다고 생각할까 봐 일부러 인상을 쓰고 일하고, 웃으면서 다니면 한가해서 그렇다고 생각할까 봐 심각한 표정을 하고 다니는 경우도 있다. 이래저래 웃음을 억제하고 있는 것이다. 그러나 웃음이 가져다 주는 놀라운 효과는 이루 다 말할 수가 없다.

노만 커즌스는 1964년 53세가 되던 해 러시아 여행을 마치고 집에 돌아왔다. 그런데 여행을 떠나기 전과 달리 몸에 열이 나기 시작하더니 점점 손과 다리 등을 움직일 수 없게 되었다. 그의 병명은 강직성 척수염이었다. 당시 이 병은 500명 중에 한 사람만이 목숨을 건질 수 있는 거의 불치에 가까운 병으로, 염증이 골반에서 시작해서 척추로 퍼지는 류머티즘 질환이다. 그는 진통제 없이는 하룻밤도 지낼 수 없을 정도의 고통스런 나날을 보내고 있었다. 그러나 안타까운 것은 병원에서도 해 줄 수 있는 것은 통증을 줄이기 위해서 점점 강한 항생제와 진통제를 사용할 뿐이라는 것이다. 하지만 내성 때문에 그 효과가 날이 갈수록 떨어지고 있었다. 그런 상황 속에서도 그는 절망하지 않았다. 그는 자신이 완치될 것이라고 강하게 믿었다. 어느 날 병실에 누워있으면서 생각했다. 병을 이겨내겠다고 긍정적으로 생각하는 것이 병과 싸워 이기는 데 도움이 될 것이라고 말이다. 그리고 진정한 긍정의 표현은 웃음이라는 결론을 내렸다. 이에 '웃음이 자신의 병을 치유할 것이다' 라는 생각을 가지면서 웃음과 같은 긍정적인 정서는 우리의 마음을 편안하게 해 주고 면역력을 키울 수 있다는 확신을 가졌다. 드디어 그는 병원에서 퇴원하기로 결심했다. 그러고는 자신의 이런 '웃음 치료' 를 적극적으로 실천했다. 웃음이 절로 나는 코미디와 몰래 카메라 비디오를 잔뜩 빌려다 보며 배꼽을 잡으면서 실컷 웃었다. 신기한 것은 이렇게 10분 정도 웃고 나면 진통제 없이도 두 시간

이상 편히 잘 수 있었다. 이렇게 웃으면 웃을수록 진통제 없이 편안하게 잠들 수 있었다.

이 이야기는 노만 커즌스(Norman Cousins)가 지은 『웃음의 치유력』 *Anatomy of an Illness*에 나오는 것이다. 그의 경험을 토대로 한 이런 이야기는 그 후 많은 연구에서 뒷받침 되고 있다. 그 중에 하나가 버크 박사의 연구이다. 재미있는 비디오를 보면 혈액 속에 면역을 증가시키는 호르몬 수치가 올라간다. 그 효과는 사람에 따라서 다르지만 보통 하루까지 지속될 수 있다. 재미있는 비디오나 영화를 보면 우리 몸속에 엔돌핀 수치가 보지 않은 사람보다 27% 증가한다. 엔돌핀은 '몸 안에서 생성되는 모르핀'이라는 뜻으로, 진통 효과는 수술토 인한 통증을 제거하기 위해 사용되는 모르핀보다 적게는 100배, 많게는 300배나 더 강하다고 한다. 웃음은 또한 우리의 스트레스 주범인 혈중 에피네프린 수치와 혈중 코티졸 수치를 떨어뜨린다. 결국 우리가 웃을수록 엔돌핀 창고에 더 많은 엔돌핀이 차곡차곡 쌓이게 되는 셈이다.

알랭(Alain)은 자신의 저서 『행복론』 *Propos sur le bonheur*

에 이런 글을 남겼다. "미소라는 것은 하품과 마찬가지로 신체의 깊숙한 곳까지 스며들어 목이나 폐나 심장을 편하게 만든다. 의사의 약상자 속에도 이처럼 즉각 효력이 발생하는 약은 없을 것이다. 미소를 지으면 폐와 심장을 편하게 하는 진정작용이 생기며 그로 인해 고통으로부터 벗어나는 것이다. 적당한 시기에 미소를 지으면 되는 것이다. 그러나 모두가 이 간단한 방법을 모르고 있다. 그리하여 저마다 자기 목을 조르는 밧줄을 열심히 잡아당기고 있는 것이다."라며 우리가 웃지 않고 있음을 안타까워하고 있다. 이렇듯 웃음은 우리에게 참으로 좋은 명약 중의 명약이다.

나의 멘토 중에 찰스 새비지(Charles Savage) 박사라는 사람이 있다. 그는 나를 처음 만났을 때 어떤 회사의 주식을 살 것인지 말 것인지를 아주 쉽게 판단하는 방법을 알려 주었다. 그의 방법은 그 회사에 가서 직원들이 회의하는 소리를 들어 보고 시간당 몇 번이나 웃음소리가 나는지를 세어 보는 것이었다. 웃음소리가 많을수록 그 회사가 성공할 가능성은 높고 결과적으로 주가도 오른다는 것이다.

이렇게 좋은 '웃음'을 우리는 얼마나 웃고 있는가? 인간미를 느끼게 할 수 있는 가장 쉽고도 효과적인 방법은 웃는 것, 미소 짓는 것이다. 웃음도 운동과 같이 연습이 필요하다. 거울을 볼 때마다 웃는 연습을 하면 웃음도 자연스럽게 나온다. 웃음이 제2의 천성이 되는 날, 우리 모두는 지금보다 더 행복하고 건강해질 것이다.

3 5:1의 법칙

주례 부탁을 받았다. 아직은 주례를 설 나이가 아니라고 고사했지만 예비 신랑의 고집을 꺾을 수가 없어 승낙했다. 주례사 준비를 위해 신랑 신부를 인터뷰도 하고 행복한 부부에 대한 자료를 많이 찾아 주례사를 완성했다.

막상 결혼식 날이 되어 주례사를 할 때는 얼마나 떨렸던지 뭐라고 말을 했는지 기억도 잘 나지 않았다.

나는 주례사를 준비하면서 3가지 원칙을 정했다. 첫째는 가능한 짧게 하는 것이다. 아프리카 어느 마을에서는 주례를 맡은 사람은 한 쪽 다리를 들고 주례사를 한다고 한다. 다리가 아파서 들고 있던 다리를 내려 놓으면 주례사는 끝난다. 둘째는 재미있게 스토리텔링으로 하기로 했다. 셋째는 행복한 부부의 원칙을 중심으로 내용을 구성하기로 했다. 세 번째 원칙, 즉 행복한 부부의 원칙을 찾기 위해 강의 준비를 할 때보다 더 많은 자료를 본 것 같다. 내가 발견한 원칙은 5:1의 법칙이었다.

고트만(Gottman) 박사는 행복한 부부가 되는 원칙 중의 하나로 5:1의 법칙을 꼽는다. 그는 이 법칙이 잘 실행되는가, 그렇지 않은가를 보면 행복한 부부가 될 것인지 아니면 깨질 것인가를 자신 있게 맞출 수 있다고 한다. 그는 많은 커플들을 조용한 방으로 안내하여 간단한 놀이를 주문했다. 놀이는 종이를 테이프로 붙여서 높은 종이탑을 쌓는 것이다. 첫 번째 커플이 종이탑을 만들면서 나누는 대화는 이렇다.

"여보! 탑의 모양을 이렇게 길게 만들어 볼까?"

남편이 자신의 생각을 부인에게 말하자 아내는 핀잔을 준다.

"여보, 그게 서겠어요? 밑단이 부실한데! 그게 말이 된다고 생각하는 거예요?"

남편은 약간 화가 나는 듯 이렇게 말한다.

"그럼 머리 좋은 당신이 그려 봐!"

이에 아내는 짜증을 내며 "알았어요. 종이를 이리 줘 봐요. 내가 한번 멋지게 그려볼 테니…." 하면서 종이탑 모양을 그려나간다.

잠시 후 남편은 다시 부인의 연필을 빼앗으며 "그걸 종이탑이라고 그렸어? 시간 없으니까 내가 하는 대로 따라만 와."

부인의 얼굴은 시뻘겋게 상기가 된다. "그럼 당신이 알아서 다 해. 나는 가만히 있을 테니까."

결국 이 커플은 첫 모양을 잡는 순간부터 종이탑을 만드는 내내 신경질적이고 부정적인 말만 주고받았다.

두 번째 커플을 보자. 먼저 남편이 묻는다.

"여보! 당신은 다른 사람들이 생각하지 못한 아이디어를 잘 내잖아! 우리 어떤 모양으로 탑을 만들어 볼까?"

아내는 자신의 생각을 설명한다. 설명을 다 듣고 난 남편은 이렇게 말한다.

"당신은 어떻게 그렇지 좋은 생각을 했어. 역시 당신은 달라!"

이 말을 듣고 부인은 얼굴에 밝은 미소가 흐른다.

"그럼 당신은 어떤 생각을 가지고 있는지 여기다 그려봐요."

"그럼 한번 그려볼까" 하면서 남편은 그린다.

이 모습을 보고 부인은 웃으며 말한다.

"그것도 참 좋은 생각이에요. 당신이 그린 것과 내가 그린 것을 합해서 이렇게 만들어 볼까?"

두 번째 커플은 이렇게 서로 격려하고 칭찬하며 좋은 감정을 유지했다.

5:1의 법칙이란, 칭찬이나 인정과 같은 긍정적인 표현 5개 정도에 개선을 요청하는 표현 1개 정도의 비율로 하는 것이다. 이런 형식의 대화가 이루어지는 부부는 행복하다는 것이다. 반대로 잘못되었다고 지적하는 표현 5개에 긍정적인 표현이 1개가 되면 이 커플이 깨질 가능성은 그 만큼 높아진다. 위에서 첫 번째 커플보다 두 번째 커플이 행복하다는 것은 구태여 설명을 하지 않아도 알 것이다.

왜 사람들은 칭찬이나 인정을 받고 싶어 하는 것일까? 플라톤은 인간의 영혼이 이성과 욕망 그리고 '튜모스(Thymos)', 즉 인정을 받으려는 욕구 3가지로 구성되어 있다고 했다. 인정을 받고자 하는 욕구는 이와 같이 인간의 영혼 깊숙이 자리 잡고 있다. 따라서 다른 사람에게 가치가 없는 인간으로 취급을 당하면 분노를 느끼면서 화가 치밀어 오르는 것이다.

칭찬의 소리는 달콤하다. 칭찬을 받고 싶어 하는 것은 회사에서도 마찬가지다. 자신의 부서가 잘하여 포상을 받거나 주위의 동료로부터 잘 하고 있다라는 이야기를 듣는 경우, 또는 어떻게 하면 그렇게 부서가 잘 돌아가느냐며 그 비결이 무엇이냐는 질문을 받으면 얼굴에 기쁨의 미소가 흐른다. 부서 미팅에서 '다른 부서에서 우리 부서를 부러워하더라' 는 소식을 전하며 좋은 소식을 부서원들과 공유한다면 기쁨은 두 배 세 배로 커진다.

"부하 직원 중에 정말 미운 사람이 있는데, 어느 날부터인가 그가 내 지시에 대한 피드백으로 항상 '수고하셨습니다', '고맙습니다', '감사합니다' 라는 말을 빼먹지 않더라고요. 그것도 아주 정중하게 말이죠. 처음에는 인간적으로 정말 상대하기 싫었지만 그 말 한마디에 그간 쌓인 감정이 서서히 풀어지더라고요."

칭찬은 이렇게 미운 감정도 녹이는 마력을 지녔다.

어떤 사람들은 칭찬을 많이 받으면 자아도취에 빠져 현실감각을 잃어버린다는 이야기를 한다. 또 칭찬을 남발하면 형식적으로 흐르는 경우가 있다. 그러나 사람들에게 물어 봐라. 최근 1주일 이내에 칭찬을 받아 본 적이 있냐고? 아마 그들은 고개를 옆으로 흔들 것이다. 영국의 소설가 로버트 스미스 서티스(Robert Smith Surtees)가 한 말과 같이 "야단을 맞아 나쁜 짓을 하지 않게 된 사람보다 칭찬을 받고 착한 일을 한 사람이 훨씬 많다."라는 말은 기억해 둘 만한 가치가 있다. 칭찬하는 것도 습관이다. 처음에는 어색하지만 곧 익숙해진다. 어떻게 하면 상대방의 강점을 활용할 수 있을까는 고민하지 마라. 칭찬은 새로운 역사를 움직이는 원동력이다. 칭찬이 답인 것이다.

4 베푸는 자의 행복

건강하시던 어머니가 갑자기 허리가 불편하다고 하시더니 이내 거동을 힘들어 하셨다. 누워계신 지 3개월이 되자 급속하게 몸이 야위어 갔다. 나는 누워계신 어머니와 종종 대화를 하곤 했다.

"엄마, 무엇이 가장 두려우세요?"

"죽는 것이 가장 두렵지. 어르신들이 돌아가실 때 보니까 너무 힘들어 하시더라."

동네 사람들은 어머니를 '법 없어도 살 사람', '거지에게 동냥을 가장 많이 준 사람'으로 기억하고 있었다. 이렇게 어머니께서 평생 다른 사람을 돕고 사신 데는 외할머니의 역할이 큰 것 같았다. 옛날에 외할머니가 돌아가셨다가 깨어난 사건이 있었다.

"돌아가셨던 외할머니가 깨어나시더니 그 과정을 얘기해 주셨단다. 자신이 죽어서 어느 곳인가 갔는데 그 곳에서 '너는 아직 여기 올 때가 아니다' 하면서 강아지 한 마리를 주었대. 그 강아지를 품 안에 꼭 껴안고 오다가 그만 강에 떨어뜨려 깜짝 놀라는 순간 깨어나셨대. 할머니는 이 이야기를 들려주시면서 '하늘나라에 좋은 곳이 있단다. 나는 그곳을 보았지. 세상에서 살아 있을 때 좋은 일을 많이 해야 그 곳에 갈 수 있단다.'라고 말씀을 하곤 하셨어."

외할머니께서 특별한 종교를 가지고 계시지는 않았지만 이런 외할머니의 가르침 덕분에 어머니께서는 평생 다른 사람을 도우셨다. 어릴 적 동네어구에 거지가 나타나면 의례히 동네 사람들은 내 어머니를 찾아가라고 안내를 했다고 한다.

나는 죽음을 앞두고 무서워하시는 어머니의 손을 꼬옥 붙잡고 말했다.

"엄마, 걱정하지 마세요. 엄마는 좋은 일을 많이 해서 좋은 곳으로 가실 거예요." 이 말을 듣고 어머니께서는 "그래, 그렇지. 나는 불쌍한 사람을 참 많이 도와주었지."라고 하시며 마음을 편히 가지곤 하셨다. 그 뒤 얼마 지나지 않아 편안한 모습으로 세상을 떠나셨다.

사람들은 운동하는 동안에 아주 좋은 기분을 느낀다. 스트레스도 싹 달아나고 완전한 자유로움을 느낀다. 이러한 기분은 비단 운동을 통해서만 얻어지는 것이 아니라 남을 도울 때도 느낄 수 있다는 새로운 사실이 밝혀지고 있다.

앨런 룩스(Allan Luks)에 따르면, 정기적으로 다른 사람을 도와주고 있는 1,700여 명의 여성을 대상으로 연구한 결과 놀라운 사실들이 나타났다. 그들은 남을 도울 때 두통이 사라지고 가슴이 뿌듯해지고 왠지 기분이 좋아진다고 했다. 다른 사람을 도울 때 생기는 행복감이다. 이러한 현상을 '헬퍼스 하이(Helper's high)'라고 한다. 이렇게 보면 다른 사람을 도와주는 일은 남을 위한 일이 아니라 바로 자신의 건강과 행복을 위하는 일이기도 하다.

자선단체 조직의 구성원들이 더 건강하고 오래 산다는 연구 결과가 많다. 자원 봉사자들은 혈압, 위산, 콜레스테롤 수치 등이 줄어든다. 이에 관한 또 다른 연구가 있는데, 바로 '테레사 효과'[Mother Teresa Effect]라는 것이다. 맥클랜드(McClelland) 박사는 132명의 하버드 대학생들에게 인도 캘커타에서 봉사 활동을 하는 테레사 수녀를 다룬 영화를 보여줬다. 영화를 보기 전과 본 후에 학생들의 침 속에 있는 글로블린 항체A의 변화를 체크했다. 이 면역항체는 보통 감기 바이러스에 대한 저항력을 높여 주는데 이 영화를 본 후 학생들의 항체수가 현저하게 증가했다. 이는 자신이 직접 자원 봉사 활동을 하지 않아도 다른 사람이 하고 있는 모습을 보는 것만으로도 이런 효과가 있음을 보여주는 것이다.

생을 마감하면서 후회하는 것 세 가지는 우리에게 잘 알려져 있다. 첫째가 베풀지 못한 것, 둘째가 참지 못한 것, 셋째가 좀 더 행복하게 살지 못한 것이라고 한다. 좀 더 베푸는 인생을 살아 보는 것은 어떨까?

5 끄덕끄덕 50%

"알았어, 감 잡았어."

김 실장의 이 말에 박 대리는 오늘도 가슴이 답답해졌다. 김 실장은 회의를 하든, 대화를 하든 언제나 말을 하고 있는 중간에 끊는 버릇이 있다. 박 대리는 김 실장과 이야기를 할 때마다 말의 허리가 잘리다 보니 답답증을 느꼈다. 참다 참다 못한 박 대리는 어느 날 김 실장에게 애원하다시피 말했다.

"실장님, 제 말을 한번 끝까지 들어주실 수 있는지요? 항상 자르시니까 제가 너무 스트레스를 받습니다. 이런 말씀 드려 정말 죄송합니다."

박 대리로서는 윗사람에게 이런 부탁을 한다는 것이 결코 쉬운 일이 아니다. 아랫사람이 윗사람에게 칭찬이 아닌 피드백을 준다는 것은 우리나라 회사의 문화에서는 어쩌면 아주 드문 일일 것이다. 김 실장은 자신의 그런 습관 때문에 아랫사람이 이렇게까지 스트레스를 받는다고는 미처 생각하지 못했다. 그는 몇 마디 들으면 그 후에 어떤 말이 나올지 뻔히 알기 때문에 오히려 그렇게 하는 것이 말하는 사람의 수고를 덜어 주는 것이라고 생각했었다. 박 대리의 애원은 김 실장에게 꽤 큰 충격이었고 너무 미안한 나머지 마음을 고쳐먹기로 했다. 이제 그의 책상 위에는 이런 글귀가 크게 붙어 있다.

'끝까지 듣자!'

커뮤니케이션에서 가장 중요한 문제가 무엇인지 물어보면 항상 '경청 부족'을 지적한다. 대부분의 사람들은 자신이 경청을 잘한다고 생각한다. 그러나 상대방은 박 대리처럼 이렇게 답답함을 느끼는 경우가 많다. 상사는 밑에 있는 직원들이 잘 듣지 않는다고 불평하고, 부하들은 거꾸로 상사가 자신들의 이야기를 잘 듣지 않는다고 말한다. 부모들은 아이들이 잘 듣지 않는다고 말하고, 아이들은 부모님들이 자신의 이야기를 무시한다고 한다. 선생님들은 학생들이 선생님의 말을 잘 듣지 않는다고 불만을 표시한다. 이처럼 상대방이 잘 듣지 않으면 원활한 커뮤니케이션은 이루어지지 않는다.

　어떤 사람과는 이야기를 나누면 재미있으면서 여러 도움을 얻는 반면, 어떤 사람은 이야기를 나누다 보면 답답하고 힘이 든다. 마치 기관총 쏘듯이 자기 이야기만 한다. 잠시 이야기를 멈추기도 하지만 상대의 이야기를 듣기 위해서가 아니라 총알을 다시 장전하기 위한 시간일 뿐이다. 재장전을 마치면 또다시 말이 뿜어져 나온다. 얼마나 정신없이 말을 해 대는지 자신이 한 말을 기억도 못하는 경우도 있다. ‘내가 어디까지 이야기를 했지?’ 또는 ‘내가 무슨 얘기를 하고 있었지?’ 라고 상대에게 되묻기도 한다. 이런 유형의 사람들 하고는 가능한 대화를 나누지 않으려고 한다. 대화가 끝나면 뭔가 손해 보았다는 생각이 들 때도 있다.

　경청하지 않는 이유에는 여러 가지가 있다. 자기중심적인 사람은 다른 사람들이 자신의 말을 들어야 된다고 생각한다. 이런 사람들은 혼자서 대화를 독점한다. 또는 듣고 싶은 것만 듣는 것이다. 자기의 관심사만 듣고 나머지는 무시한다. 그리고 좋은 것만을 듣고 싶어 한다. 나쁜 이야기는 절대 들으려 하지 않는다. 제2차 세계대전 당시 몽고메리 장군이 이끄는 영국군이 아른헴 전투에서 독일에게 참패한 예를 보자. 정보 장교가 독일군의 탱크 사진을 보여주면서 작전의 재고를 건의하자 쓸데없는 걱정이라고 하며 묵살했다. 오히려 정보 장교에게 그간 과로로 판단력이 흐려진 것 같으니 쉬라며 휴가를 준 사건은 유명하다. 이 예는 상대방의 조언을 자신에 대한 공격으로 간주하고 무시한 일화다. 이처럼 자꾸 자기 멋대로 판단하려 한다.

경청을 잘 하는 방법 중 하나는 상대방의 말에 맞장구를 쳐주는 것이다. 이는 놀라운 힘을 발휘한다. 나도 강의할 때 참가자 중 한명이라도 고개를 끄덕이는 사람이 있으면 그때 얻는 용기는 이루 말할 수가 없다. 그 사람을 보면서 나는 더욱 자신있게 강의를 하게 된다. 나뿐만 아니라 학교에서든 회사에서든 강의를 하는 사람들에게 강의 중 가장 기분을 좋게 하는 것이 무엇이냐고 물어 보면 학생이나 참가자들이 고개를 끄덕일 때라고 답한다. 상대가 말을 할 때 '그래, 그래.', '맞아, 맞아.' 하면서 고개를 끄덕끄덕하는 행동을 보인다면 말을 잘 못하는 상대방도 말하는 시간이 약 50% 이상 길어진다고 한다.

대화를 할 때 적어도 시간의 50% 이상은 상대의 말을 들어 주면서 끄덕끄덕 해 주는 것, 이것이 배려이고 존중이 아닐까.

6 인내의 효과

감정적으로 흥분한 상태에서 결정을 내리고 나중에 후회를 한 적이 있는가? 예를 들면 아주 기분이 좋은 상태에서 친구들과 만나 술을 마실 때 '오늘은 내가 쏠게!' 라고 기분 좋게 카드를 그은 후, 다음 날 영수증의 엄청난 금액을 보면서 머리칼을 쥐어뜯는 일은 누구나 한 번쯤은 있을 법한 일이다. 그리고 화난 상태에서 동료나 상사와 대화하면서 평상시라면 참고 쓰지 않았을 신랄한 말을 한 후 후회를 한 경우도 가끔 있을 것이다. 우리는 그 짧은 순간 잠시 통쾌한 기분을 느낄 수 있겠지만 경솔한 언행으로 인해 오랜 시간 동안 후회할 일을 만들 수도 있다.

애리얼리(Ariely) 박사는 감정적으로 흥분한 상태에서 내린 결정이 얼마나 오랜 영향을 미칠 수 있는가를 연구했다. 그는 한 그룹의 사람들에게 오만한 상사가 부하 직원을 쥐 잡듯이 잡는, 짜증

날 법한 영화 속 장면을 5분간 보여주었다. 다른 그룹에게는 코믹 시트콤을 5분간 보여 주며 웃게 만들었다.

그 후 한 사람에게 20달러를 주고 옆 사람과 그 돈을 나누어 가지도록 했다. 어떻게 배분할지는 돈을 가진 사람이 결정하도록 했다. 10달러씩 공평하게 나누는 경우도 있었고 각각 15달러, 5달러씩 불공평하게 나누는 경우도 있었다. 여기에는 한 가지 룰이 있다. 돈을 받는 사람은 그 제안을 받아들일 수도 거절할 수도 있다. 그러나 거절하면 두 사람 다 한 푼도 받지 못한다. 보통의 경우 돈의 액수가 많든 적든 아예 한 푼도 받지 못하는 것보다 낫기에 액수에 관계없이 돈을 받을 것이라고 생각하겠지만 행동 경제학의 연구들에 따르면, 사람들은 종종 불공정한 제안을 한 사람을 처벌하기 위해 돈을 아예 받지 않는 비합리적인 선택을 하기도 한다.

이 연구에서도 결과는 같았다. 그런데 이 효과는 짜증이 난 그룹에서 증폭이 되었다. 짜증나는 영화를 본 사람들은 코믹한 시트콤을 본 사람들보다 제안을 훨씬 더 많이 거절했다. 보유 주식이 폭락하거나 상사에게 깨지고 나서 엉뚱한 사람에게 짜증을 내듯이 짜증나는 영화를 본 후 불공평한 제안을 더 많이 거절한 것이다.

더욱 재미있는 것은 이후에 일어난 일이다. 실험군들의 감정이 어느 정도 정리가 됐을 때 또 다시 같은 게임을 실시했다. 놀랍게도 짜증나는 영화를 본 사람들은 이번에도 역시 불공평한 제안을 훨씬 더 많이 거절했다. 그들은 더 이상 화가 나 있지 않은 상황에서도 자신들이 이전에 감정이 좋지 않은 상태에서 내렸던 결정의 기억을 더듬어서 그 때와 비슷한 결정을 내렸다. 한 번 내린 비합리적인 결정을 그 한 번으로 끝낸 것이 아니라 멀쩡한 상태에서도 반복한 것이다.

이 연구 결과를 두 가지 측면에서 적용해 볼 수 있다. 한 가지는 화가 났을 때는 바로 결정을 내리지 않도록 한다는 것이다. 두고두고 후회할 결정을 반복해서 내릴 가능성이 있기 때문이다. 흥분된 상태에서는 깊은 호흡을 하고, 숫자를 세는 등 흥분을 가라앉힌 후에 결정을 내리는 것이 좋다. 더욱 중요한 것은 다른 사람에게 미치는 영향이다. 다른 사람을 화나게 하면 그 사람이 화가 난 상태에서 아주 불합리한 결정을 내릴 수 있다. 그 결정은 나 자신과 관련될 수도 있고 그렇지 않을 수도 있지만 불합리한 결정의 파급 효과는 꽤 클 수 있다.

7 부드러운 맛이 더 달콤하다

‘하드 파워’와 ‘소프트 파워’중 어떤 것이 사람들에게 더 크고 지속적인 영향을 미칠까?

고사 성어에 지록위마(指鹿爲馬)라는 말이 있다. 진나라 환관 조고는 진시황이 세상을 떠나자 승상이 되어 권력을 쥐고 흔들었다. 그러나 신하들 중에는 그를 따르지 않는 사람도 있었다. 이에 그는 계략을 세워 사슴을 황제에게 바치며 말했다. “이것은 말입니다.” 황제는 웃으며 “승상, 그것은 말이 아니라 사슴입니다. 어찌 사슴을 말이라고 한단 말이오?” 라고 했다. 그때 주위에 있던 신하들 중에는 말이라고 답하는 사람도 있었고, 사슴이라고 대답을 하는 신하도 있었다. 이때 조고는 사슴을 사슴이라고 솔직하게 말한 신하들을 기억하고 있다가 나중에 모두 죽였다. 이런 상황에서 신하들은 조고의 말을 거역하기 힘들었을 것이다. ‘하드 파워’의 대표적인 예이다.

‘소프트 파워’의 예를 보자. 제2차 세계대전이 한창이던 시절, 스탈린은 바티칸을 연합군 진영에 끌어들여야 한다는 말에 “교황

휘하에는 몇 개의 사단이 있는가?" 라고 비웃은 적이 있었다. 스탈린은 바티칸을 '하드 파워'로만 평가했기 때문이다. 그러나 실제로 바티칸은 소련의 군사력 못지 않은 영향력을 행사했다. 소프트 파워가 있기 때문이다. 스탈린과 달리 소프트 파워의 중요성을 알고 있던 나폴레옹은 바티칸 주재 영사에게 '바티칸을 평화 시에는 20만 명, 전시에는 50만 명의 군대를 지닌 국가로 예우하시오.' 라고 당부했다.

하드 파워에 의존해서 일방적인 지시와 명령을 자신의 권위라고 생각하는 사람들은 공포심이나 강압으로 다른 사람들을 자신이 원하는 대로 행동하도록 만들 수는 있지만 마음까지는 사로잡지 못한다. 그들은 반감을 살 뿐 아니라 그 영향력이 오래 가지 못한다. 반면, 소프트 파워를 가진 사람은 관심과 대화, 경청 등을 통해 다른 사람들에게 영향을 미친다. 진정으로 다른 사람의 마음을 사로잡기 때문에 강압이 아니라 끌림을 통해서 자신이 원하는 것을 얻는다. 당연히 영향력도 오래 지속된다.

조직의 상황에서도 리더가 어떤 파워를 선호하는가에 따라서 그 성과가 확실히 달라진다. 블레이크와 모우턴(Blake &

Mouton)은 나사에서 흥미로운 연구를 했다. 실제 비행이 아닌 비행 시뮬레이터 안에서 기장, 부기장, 네비게이터 세 사람이 사고발생 상황에서 어떻게 대처하는가를 보았다. 사고 가능성을 파악한 후 실제로 사고가 일어나기 전까지 30초에서 40초가 걸린다. 첫 번째 팀은 상황 판단에 대한 모든 결정을 기장에게 맡겼다. 두 번째 팀은 상황 판단에 대한 모든 결정을 모든 승무원들의 의견을 듣고 내리도록 했다.

연구 결과 첫 번째 팀이 두 번째 팀보다 잘못된 결정을 훨씬 많이 내렸다. 이 연구 결과는 많은 교훈을 남겨 준다. 첫 번째 팀의 기장들은 정보가 많이 부족한 상황에서 자신의 직관만 믿고 액션으로 바로 들어갔다. 기장이 부기장이나 네비게이터가 내는 의견을 간섭으로 생각하고 불편해 할 때, 승무원들은 자신들의 의견을 제시하지 못한다. 긴박한 순간에 중요한 정보를 놓친 기장은 실수를 할 수밖에 없는 것이다. 따라서 사고가 많아지는 것은 당연하다. 반면에 두 번째 팀의 기장은 승무원들과의 자유로운 의사 개진을 통해 많은 정보를 신속하게 얻음으로써 올바른 판단을 하여 실수를 줄일 수 있었다.

첫 번째 유형의 경우, 더 무서운 것은 이런 기장의 모습이 다른 사람들에게도 전염이 되어 상사의 눈치를 살핀다는 것이다. 마치 아프리카의 개코원숭이가 20초 내지 30초마다 두목 원숭이를 쳐다보며 눈치를 살피는 것처럼 말이다. 우두머리가 기분이 나쁘면 잔뜩 졸아 있을 것이다. 이런 기장과 함께 일하는 승무원들도 개코원숭이 집단과 같지 않겠는가?

한 부서의 장으로서 일을 할 때 부서장의 힘이 아닌 마음으로 직원들을 이끌자. 무서워서가 아니라 나에게 끌려서 나를 따르도록 하자. 남에게 관심을 갖고, 배려하고, 존중할 때 소프트 파워 즉, 진정한 파워가 생겨난다.

8 개구리 복장 효과

"김 과장, 오랜만이야! 사업부를 옮기고 나서 처음 만나는 거지?"

나는 김 과장을 3년 전쯤 강의 때 만났다. 그때 그는 대리였고 교육에 굉장히 열정적으로 참여하고 표정도 밝고 토의 시에는 적극적이고, 좋은 의견도 많이 내서 그를 기억하고 있었다. 그 후 그는 과장으로 승진을 하면서 새로운 사업부로 자리를 옮겼다. 3년 만에 나는 그 회사에서 강의를 하는 중에 우연히 그를 다시 만났다. 그는 3년 전과는 표정이 많이 달라져 있었다. 어둡고 지치고 의욕도 없어 보였다. 3년이란 세월 동안 어떤 일이 있었기에 그렇게 변했을까?

"요즘에 오랜만에 지인들을 만나면 변했다는 말을 많이 듣습니다. 저도 모르는 사이에 제가 많이 달라졌나 봐요."

김 과장은 새로운 사업부에서 자신이 겪었던 일들을 얘기해 주었다.

"그곳은 분위기가 얼음나라 같았어요. 사업부장부터 시작해서 대부분의 사람들이 웃음이 없어요. 웃어도 진심이 아니라 형식적인 웃음이고, 서로 믿지 못하고 감시하는 분위기가 퍼져 있었어요. 그래서 가까운 동료들끼리도 어려움이 있어도 터놓고 말을 할 수가 없지요. 혹시 그 말이 다른 사람들에게 들어갈까 봐 두려워서죠. 그런 곳에서 몇 년을 지내다 보니 저 역시 웃음도 없어지고 사람들을 잘 믿지 않게 되었어요. 환경이 사람을 만든다더니 저도 어쩔 수 없이 그렇게 되었습니다.”

김 과장의 말대로 사람들은 환경이나 상황의 영향을 많이 받는다. 환경이 바뀌면 아주 이성적이고 따뜻한 지킬 박사도 악마 같은 하이드로 바뀔 수 있다. 처한 환경에 따라 사람의 행동이 달라지는 경우를 예비군 훈련장에서도 쉽게 볼 수 있다.

빨간색의 안내장을 받을 때만 해도 매번 다소 긴장이 된다. 특히 세상이 어수선하면 받을 때의 기분이 묘하다. 하지만 막상 훈련 당일이 되어 예비군복을 입게 되면 어제까지의 나는 온데간데없고 새로운 내가 탄생한다. 일단 겁이 없어진다. 그리고 걸음걸이부터 말과 행동까지 모든 것이 변한다. 말년 병장 할아버지의 재림이다. 의사, 변호사, 종교인 사회에서와 같이 점잖은 지위에 있는 사람들도 예외 없다. 정말 신기한 일이다. 일반적으로 이와 같은 현상을 ‘개구리 복장 효과’ 라고 부른다.

스탠퍼드 대학의 필립 짐바르도(Phillip Zimbardo) 박사의 연구도 이 현상을 잘 보여 준다. 1971년 그는 대학 내에서 모의 교도소 실험을 실시했다. 실험에 자원한 학생들을 교도관과 수감자의 두 그룹으로 나눈 후 각각 그 역할을 맡게 했다. 실험에 참가한 학생들은 교도소 경험이 전혀 없는 아주 정상적인 학생들이었다. 그러나 실험이 시작되자 실험 참가자들은 그에 맞는 역할을 보란 듯이 해내기 시작했다. 실험임에도 불구하고 교도관들은 악랄하게 수감자를 대했다. 수감자를 괴롭히기 위해 욕설하기, 담요에 가시 묻히기, 곤봉으로 창살 두드리기 등 아주 다양한 방법을 활용했다. 함께 실험에 참가한 다른 교도관들도 이런 방법을 사용하는 교도관들이 당연한 듯 말리지 않았다.

이렇듯 잔악한 행위가 걷잡을 수 없이 계속되었고 얼마 후 실험 교도소에서 큰 폭동이 일어났다. 참고 있던 수감자들이 들고 일어난 것이다. 교도관들은 소화기를 분사하며 강제로 폭동을 진압했다. 실험은 일주일도 되지 않아서 중단되었다. 이 실험은 참가자들에게 당초에는 생각하지도 못했던 많은 정신적인 후유증을 남기었다.

사람이 처해있는 환경에 따라 얼마나 달라질 수 있는가를 잘 보여주는 실험이다. 회사와 같은 우리가 처해 있는 사회에서도 자신의 주변 사람들과 서로에게 미소를 짓고 존중하고 감사하는 인간미 넘치는 지킬 박사가 되려면, 우선 이런 걸 느낄 수 있는 환경을 만들어 주어야 한다. 그리고 다른 사람에게서 인간미를 느끼고 싶다면 자신이 먼저 인간미가 풍기게 행동해 보자. 그 향기는 부메랑처럼 나에게 되돌아 온다.

9 자율이 인간미를 넘치게 한다

"선생님, 제가 또 늦었네요. 우리 아이 때문에 퇴근도 못 하시고, 너무 죄송해요."

H는 오늘도 일을 마치자마자 유아원에 아이를 데리러 헐레벌떡 달려갔다. 유아원은 오후 5시에 끝나기 때문에 그때까지는 아이를 데리러 가야한다. 하지만 가끔 퇴근길에 차가 막혀 늦을 때가 있고 이때마다 선생님에게 미안한 마음을 금할 수가 없었다. 그래서 어떻게 해서든 시간에 맞춰 도착하려고 애를 쓴다. 그런데 유아원 원장은 이렇게 늦는 부모들 때문에 골머리를 썩는다. 교사들이 퇴근하지 못하고 부모가 올 때까지 아이들을 보호해야 하기 때문

이다.

한 유아원 원장은 늦게 오는 부모의 수를 어떻게 줄일까를 심각하게 고민했다. 그러던 중 범죄학에서 나오는 '억제이론'이 생각났다. 억제이론이란 범조의 이익이 처벌 받는 고통보다 크다면 범죄는 일어나고, 처벌의 고통이 범죄의 이익보다 크다면 범죄는 일어나지 않는다는 것이다. 여기에서 힌트를 얻어 늦게 오는 부모들에게 벌금을 부과하기로 했다. 억제이론에 따라 벌금을 부과하면 늦게 오는 부모들의 행동을 줄일 수 있다는 생각이 든 것이다. 정말 기발한 아이디어라고 생각한 원장은 이 아이디어가 효과가 있는지를 확인하기 위해 실험을 하기로 했다. 먼저 벌금을 매기기 전에 부모들이 얼마나 늦게 오는지 관찰했다. 그 다음 늦게 오는 부모들에게 벌금을 부과한다는 안내문을 게시판에 붙여 놓았다. 억제이론대로 과연 늦게 데리러 오는 부모의 숫자가 줄었을까?

원장은 그 결과를 보고 깜짝 놀랐다. 벌금을 도입한 후 늦게 오는 부모의 수가 오히려 훨씬 증가한 것이다. 예전에는 자신이 늦으면 선생님들의 퇴근시간이 늦어진다는 미안함 때문에 서둘러 아이들을 데리러 왔지만 이제는 벌금을 내면 된다는 생각에 부모들은

더 이상 서둘러 아이들을 데리러 오지 않았다. 원장은 이 결과에
놀라 벌금제도를 폐지했다. 그런데 생각지도 않은 문제가 생겼다.
늦게 오는 부모의 수가 벌금제도를 도입하기 전만큼 줄지를 않았
다. 오히려 더 늘어났다. 벌금 제도를 도입하기 전에는 자기 아이
를 위해 퇴근도 못하고 기다려 주는 선생님에 대해 미안한 마음을
가지고 있었다. 그런데 이제 벌금을 내면 된다는 생각에 미안한 마
음을 갖지 않게 된 것이다.

우리가 무조건 벌금제도와 같은 벌칙을 도입하는 것은 신중히
고려해 봐야 한다. 사회 규범이 더 효과적일 수 있다. 특히 사회 규
범이 적용되던 곳에 벌금과 같은 벌칙 제도가 도입된 후 그것을 폐
지하면 오히려 역효과가 날 수 있다는 것에 유의해야 한다. 회사에
서도 직원들이 지켜야 할 규칙을 만들어 놓고 이를 지키지 않는 사
람이 너무 많아 폐지를 하게 되면 아예 만들지 않는 것보다 더 나
쁜 영향을 미친다.

그래서 규칙이나 벌칙제도를 만들 때 심사숙고해야 한다. 마지
막으로 사회규범으로 충분한데 규칙이나 법으로 모든 것을 통제하
려는 것에 대해서도 다시 생각해야 한다. 어쩌면 송사리도 빠져나

갈 수 없을 정도의 촘촘한 법망보다 고래도 빠져나갈 수 있는 법망을 만드는 것이 중요한지도 모른다.

벌칙을 만들어서 사람을 각박하게 만드는 것보다는 규범을 만들어 이를 자율적으로 따르도록 하는 것이 부드럽고 인간미 넘치는 조직을 만드는 데 훨씬 도움이 될 것이다.

 ## 결론…까까머리 선생님

초등학교에 다니는 어린 소녀가 백혈병에 걸려 약물치료를 받았다. 소녀는 치료를 받느라 머리카락이 다 빠져서 스카프를 머리에 쓰고 다녔다. 하지만 같은 반의 친구들은 소녀의 스카프를 벗기고 깔깔대며 놀려대곤 했다. 소녀는 학교 가는 것이 무서웠다. 학교에 가지 않겠다고 엄마에게 떼를 썼다. 그럴 때마다 엄마는 소녀를 다독거리며 달랬다. "친구들은 곧 네 머리에 익숙해져서 놀리지 않을 거야. 그리고 조금만 기다리면 머리가 다시 자랄 텐데, 뭘…."

다음날 아침 선생님이 교실에 들어갔을 때 몇몇 아이들은 킥킥거리며 머리카락이 없는 소녀를 놀리고 있었다. 소녀는 부끄러워 의자 깊숙이 몸을 숨기고 있었다.

"얘들아, 안녕!"

선생님은 여느 때와 다름없이 다정한 미소를 지으며 아이들에게 인사를 건넸다. 그리고 코트와 머리에 썼던 스카프를 벗었다. 그런데 이게 웬일인가! 선생님의 머리는 완전 민둥머리였다. 아픈 소녀의 머리와 똑같이 머리카락이 없는 것이다.

그 일이 있은 후 아이들은 선생님을 따라 머리를 빡빡 밀어달라고 엄마에게 졸라댔다. 반 학생들의 머리는 너무 짧아 모두 반짝반짝 빛났다. 그리고 머리카락이 조금 자란 소녀가 다시 학교로 돌아왔을 때 반 친구들은 소녀를 보며 모두 깔깔대고 웃었다. 하지만 이번에는 웃음의 종류가 달랐다. 조롱하는 웃음이 아니라 재미있다는 웃음이었다. 모든 아이들의 머리가 똑같이 고슴도치처럼 자라 있었기 때문이다. 선생님은 말이 아닌 몸으로 실천하는 언어를 가르쳐 준 것이다. 야단을 맞거나 하지 말라는 훈계를 받은 아이는 단 한 명도 없었다. 선생님이 보여준 새로운 언어는 그들이 예상했던 어떤 체벌보다도 아이들을 움직이는 힘이 컸던 것이다.”

이 이야기는 벤자민 잰더 (Benjamin Zander)와 로저먼드 젠더(Rosamund Zander)의 저서 『가능성의 세계로 나아가라』 *The Art of Possibility*에서 나온 것이다. 선생님의 지혜가 얼마나 돋보이는가! 또한 솔선수범이란 의미가 무엇인지를 가슴에 와 닿게 알려주는 글이다. 결국 내가 먼저 변화하지 않으면 결코 다른 사람들을 변화시킬 수 없다. 이것이 세상을 변화시키는 불변의 진리다. 사람들이 서로에게 관심을 갖고 배려하고 존중할 때 삶은 향기로워진다. 또한 삶의 향기로움은 내가 먼저 변하고 먼저 손을 내밀 때 멀리 퍼져나가게 된다.

학습은 최고의
명약이다

청춘이란 인생의 한 때가 아니라 마음의 상태를 말한다.
그것은 장미 빛 뺨, 분홍 빛 입술, 매끈한 자태가 아니라,
강인한 의지, 뛰어난 상상력, 열정적인 감정을 말한다.

청춘이란 인생의 깊은 샘에서 솟아나는 신선함이다.
그것은 유약함을 이기는 불타오르는 용기이자
편안하고자 하는 유혹을 뿌리치는 강한 모험심을 뜻한다.

청춘은 때로 스무 살 청년보다 예순이 된 사람에게 있다.

단지 나이가 많다고 해서 늙는 것은 아니다.

꿈을 잃어버릴 때 우리는 비로소 늙는다.

세월은 우리의 주름살을 늘게 하지만

영혼의 주름살을 늘게 하는 것은 열정을 포기하는 것이다.

피어나는 영혼을 먼지 구덩이에 던져 버리는 것은 바로 두려

움, 의심, 자신에 대한 불신, 공포와 절망이다.

예순 살이든 열여섯 살이든 모든 사람의 가슴속에는 새로운 것

에 끌리는 마음,

어린 아이와 같은 미지의 세계에 대한 끝없는 호기심,

삶이라는 게임을 즐기고자 하는 마음이 있다.

그대는 그대의 신념만큼 젊고, 의심만큼 늙는다.

그대의 자신감만큼 젊고, 두려움만큼 늙는다.

그대의 희망만큼 젊고, 절망만큼 늙는다.

우리는 나이가 들면서 포기하는 것이 많다. 한 살 한 살 먹어갈수록 '이 나이에 무슨…'이라는 말도 점점 자주 하게 된다. 우리가 포기하는 것 중 하나가 바로 공부다. 공부는 학생 때나 젊을 때하고 그 후에는 그 때 마치 할 공부를 다 한 양, 그래서 더 이상 할 공부가 없는 양 공부와 멀어진다.

사무엘 울만의 「청춘」이란 시를 읽으면서 나는 공부에 대한 열정이 다시금 샘솟는 것을 느끼곤 한다. 내가 끝없는 공부를 강조하는 이유는, 공부가 우리의 앞날에 대한 두려움을 없애고 희망을 갖게 하기 때문이다. 공부란 바로 미래를 준비하는 가장 확실한 방법이다.

GE사 전 회장인 잭 웰치의 좌우명은 '나의 운명은 내 스스로 지배해야 한다. 그렇지 않으면 다른 사람이 나의 운명을 지배한다' 이다. 어릴 적부터 그의 어머니가 웰치에게 늘 강조하던 말이다. 내 운명을 스스로 지배하는 확실한 방법은 계속 공부하여 실력을 쌓는 것이다.

사실 나이 들어 하는 공브를 더 열심히 한다고 한다. 자신이 어떤 공부를 왜 해야 하는지, 하지 않으면 어떻게 되는지를 명확히 알기 때문이다. 즉 공부가 생존의 문제와 직결되기 때문이다. 그런데 어느 정도 나이나 직급에 올라가면 편안함에 안주하려는 유혹이 슬금슬금 내 안에 자리 잡게 된다. 이 유혹에 굴복하여 공부하지 않고 미래를 준비하지 않는 사람들이 어떤 결과로 이어지는지를 나의 지인은 이렇게 말했다.

"이제 하늘이 점점 보이니까 불안합니다. 아직은 계속 일할 나이지만 회사의 방침에 의해 회사를 그만두게 될 경우를 생각하면서 고민을 많이 하게 됩니다. 인생의 후반전을 어떻게 살아야 하는지 참 고민이 많습니다. 신입사원 때에는 회사에서 하늘을 쳐다보면 까마득했습니다. 주임, 대리, 과장, 차장, 부장, 상무, 전무, 부사장, 사장까지 보려면 하늘이 너무 높아서 보이지를 않았습니다. 그러나 이제 고참 부장이 되니까 하늘이 점점 보이기 시작하네요. 그래서인지 이제 나갈 날이 멀지 않았다는 생각에 불안합니다. 어떤 때는 집에서 잠을 제대로 못 자고 뒤척이는 경우도 종종 있어요. 집에 가면 이제 큰 녀석이 대학생이고 아직 뒷바라지 해주어야 할 둘째도 있는데 지금 회사를 그만두게 될까 봐 큰 걱정입니다. 다행히 상무라도 달면 괜찮겠지만 그것도 여의치가 않습니다. 연말에는 집에서 크리스마스 트리를 꺼내 먼지를 털며 '내년에도 이 트리의 먼지를 다시 털 수 있을까?' 하는 걱정도 들더군요. 이제는 인사부서의 사람들이 저승사자로 보이기 시작해요. 조금 젊었을 때부터 공부를 해놓았으면 이런 신세가 되지는 않았을 텐데 하는 아쉬움도 남습니다."

이 지인은 회사에서 소위 아주 잘 나가던 사람이었다. 젊을 때는 너무 바빠서 아이의 얼굴을 볼 시간도 없었다. 아이들이 잠든 시간에 퇴근해서 이른 아침 아이들이 깨기 전에 출근을 했기 때문이다. 부족한 잠은 통근 버스 안에서 보충해 가면서 열심히 일했다. 나름 유능했기에 그의 상사에게는 정말 없어서는 안 되는 존재였다고 한다. 외부 교육도 열외, 출장도 열외였다. 자리를 비우면 불안했던 모양이다. 그는 이렇게 일 속에 파묻혀 있는 자신의 모습을 보면서 '이게 다 가정을 위해서 내 자신을 희생하는 거야' 라고 스스로를 위로하면서 열심히 일했다.

어느덧 부장 자리까지 올랐다. 이렇게 잘 나가던 사람에게 어느 순간부터인가 불안이 몰려 왔다. 지금까지 많은 공을 세우면서 부장의 자리까지 올랐지만 회사에서는 더욱 더 많은 것을 원했다. 그러나 그의 머리에서는 더 이상 새로운 것은 나오지 않았다. 회사는 냉정했다. 이 순간부터 바라보는 눈빛이 틀려졌다. 대신 옆에 있는 동료를 찾기 시작했고, 그는 회사에 대해 말할 수 없는 배신감을 느꼈다. 이렇게 열심히 회사를 위해 일을 했는데 이제 와서 모른 척 하다니! 이젠 영락없는 토사구팽 신세가 되었군. 더 이상 자신이 자산이 아니라 부채로 전락해 가고 있는 것이 아닌가 하는 생각이 들었다. 이런 패턴으로 얼마나 자신의 경쟁력을 지킬 수 있는가에 대한 회의감이 생기기 시작한 것이다. 그 동안 잘 나가니까 마냥 잘 나갈 것으로 생각을 했었다. 바쁜 일과 속에 푹 빠져 있었을 뿐, 실력을 키우기 위한 새로운 씨앗을 뿌려 놓지 않았다. 그러나 조직은 과거를 기억해 주지 않는다. 옛날에 잘 했던 것을 기억하고 오늘 잘 못하더라도 봐주는 경우는 아직까지 본 적이 없다. 이것이 바로 잘 나갈 때일수록 미래를 위해 언제나 학습을 하며 실력을 키워야 하는 이유이다.

실력, 즉 지적 능력이나 전문성은 어느 정도 키워야 될까? 언제라도 회사 밖으로 나갈 수 있는 능력, 내가 회사에게 자리를 마련해 달라고 부탁하는 것이 아니라 회사가 나에게 회사를 다녀달라고 부탁하는 정도까지 실력을 키워가야 한다. 조직을 떠날 때는 뒷모습이 아름다워야 한다. 그 모습이란 회사가 제발 나가지 말아달라고 애원을 하는 데도 더 큰 목표를 향해서 떠나는 그런 모습이다. 얼마나 멋진 모습인가!

실력을 높일수록 자신이 얼마나 더 배워야 하는지를 더 잘 알게 되고 더 헌신적으로 노력하려는 마음가짐도 생긴다. 머리가 비어 있으면 채우고자 하는 욕구도 적어진다.

공부를 하는 것이 길이라고? 그러면 구체적으로 어떻게 공부를 하는 것이 좋을까?

 **1 짝퉁을 경계하라**

호랑무늬 제왕나비가 꽃밭 위를 평화롭게 훨훨 날아다닌다. 그때 갑자기 새가 날아와 제왕나비를 낚아챈다. 그러나 이내 곧 그 새는 캑캑거리며 나비를 뱉어 낸다. 제왕나비는 나뭇잎을 먹을 때 흡수된 독성을 몸에 지니고 있기 때문에 맛이 고약하다.

근처에서 숨어 지켜보던 다른 나비 한 마리가 제왕나비를 눈여겨 본다.

'만일 내 색깔을 제왕나비와 비슷하게 바꾼다면 새들이 나를 잡아먹지 않고 그냥 내버려 둘 텐데. 나도 제왕나비처럼 행동하면 새들도 나를 제왕나비로 볼 거야. 그러면 나도 더 이상 천적을 피해서 숲속에 몰래 숨어서 지내지 않아도 되고, 어디든 자유롭게 날아다닐 수 있겠지!'

그 후로 이 나비는 호랑무늬 제왕나비 곁을 따라다니며, 날아다니는 모습은 물론 심지어 무늬까지 닮으려고 온갖 노력을 다 기울인다. 이제 이 나비는 육안으로 봐서는 제왕나비와 잘 구분이 되지 않을 정도이다. 그 나비를 부왕나비라 부른다. 부왕나비는 짝퉁 제왕나비가 된 것이다. 그러나 모습은 흉내낼 수 있었지만 정작 제왕나비의 가장 큰 방어무기인 독은 만들어내질 못했다. 부왕나비는 기뻤다. 그러고는 자신이 제왕나비인 양 숲을 자유롭게 날아다녔다. 그러나 독을 품지 못한 부왕나비는 이내 새들의 맛있는 먹잇감이 되었다.

공부에도 '진품'과 '짝퉁'이 존재한다. 나름대로 분간할 수 있는 한 가지 기준을 만들었다. '진품'은 항상 어떤 개념이 나오면 이를 거슬러 올라가 처음 그것을 만든 사람부터 공부를 철저히 시작한다. 반면에 '짝퉁'은 그런 노력을 기울이지 않고 단순히 개념만 이해하는 것이다. '진품'의 예를 들어보자. 책을 읽다가 그 주제를 뒷받침하는 또 다른 이론이 나온다면 단순히 읽고 넘어가는 것이 아니라 또 다른 이론의 주창자를 찾아 그 개념을 완전히 이해해 나가는 식으로 꼬리에 꼬리를 물고나가면서 하나하나 알아가는 것이다. 이는 여러 가지 좋은 점이 있다. 그 개념이 나온 배경을 알 수 있고, 이 사람 저 사람이 베끼면서 처음과는 달리 엉뚱한 것으로 해석되는 오류를 없앨 수 있다.

아울러 공부에 대한 기본기를 확실히 다질 수 있는 기회가 된다. 이렇게 공부를 하면 다른 사람과의 토의에서도 자신감이 생긴다. '짝퉁'인 경우에는 토의할 때 1라운드를 버티지 못하고 KO 당하는 경우가 많다. 꽃뱀처럼 겉은 번지르르한데 그 내면에 담긴 깊은 뜻을 이해하지 못하기 때문이다.

나는 나만의 진품 단련법을 '고구마 줄기 훑기'라고 이름 붙였다. 고구마를 캘 때 호미로 줄기를 들어 올리면 딸린 고구마들이 줄줄이 올라오는 것에서 힌트를 얻었다. 이처럼 원전에 대한 공부가 끝나면 그 후로 어떻게 이 개념이 지금까지 발전해 왔는지 계보를 만들어 본다. 이 같은 방식은 시간이 지나면서 위력을 발휘한다. 어느 단계가 지나면 여러 가지 주제들이 서로 연관되어 있다는 것을 발견한다. 이해력이 훨씬 증가하고 당연히 공부의 속도도 빨라진다. 새삼스럽게 느끼는 것은 학문들은 서로 실타래처럼 연결되어 있는 부분이 많다는 것이다.

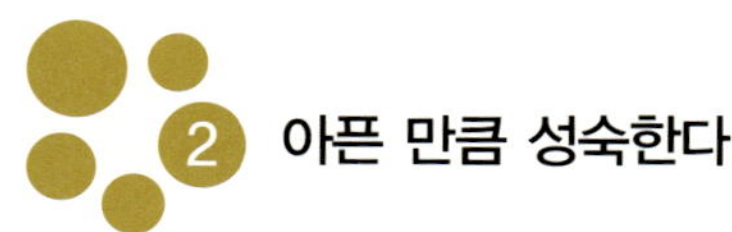

2 아픈 만큼 성숙한다

개구리 한 마리가 연못에서 잠시 나와 먹이를 사냥하려다가 그만 길가의 움푹 패인 곳에 빠지고 말았다. 그가 빠진 곳은 비가 많이 오는 날 마차가 길을 지나가다가 남겨 놓은 자국이었다. 개구리는 너무 당황스러웠다. 빠져 나오려고 점프를 했지만 소용이 없었다. 그는 점점 지쳐갔다. 해가 넘어가도 그 개구리가 집으로 돌아오지 않자 가족과 친구들이 걱정이 되어 그를 찾아 나섰다. 마침내 그들은 너무 지쳐 울음소리도 겨우 내는 개구리를 찾아냈다. 가족과 친구들은 웅덩이에 빠져 옴짝달싹 못하고 쪼그려 앉아 있는 개구리를 도우려고 했으나 아무런 소용이 없었다. 그들은 포기하고 집으로 눈물을 흘리며 돌아갔다. 다음 날 가족과 친구들은 깜짝 놀랐다. 어제 웅덩이에 빠져 있던 개구리가 연못의 수련 잎 위에 앉아 힘차게 개굴개굴 하며 우는 모습을 발견했기 때문이다. 그들은 너무 기뻐서 물었다. "우리는 네가 웅덩이에 빠져 영영 나오질 못할 것으로 생각했는데 어떻게 된 거야?" 이 물음에 개구리는 아주 의연하게 말했다. "나도 처음에는 그렇게 생각했지. 그런데 마차 소리가 점점 다가오는 순간, 이렇게 마냥 넋놓고 있으면 깔려죽겠다는 생각이 들어서 죽기살기로 뛰쳐나오려고 노력을 했더니 평소 내가 가지고 있던 생각이 아닌 다른 생각이 나는 거 있지?"

이 우화에서처럼 우리에게 큰 어려움이나 아주 도전적인 일이 주어지면 그 해답을 찾기 위해 이전과는 다른 새로운 생각을 하게 된다.

자신의 성장에 가장 도움이 되었던 것을 꼽아 보라고 하면 한결같은 답이 나온다. 바로 '경험'이라는 것이다. 특히 어려운 경험은 자신의 역량을 한껏 끌어올린다. 자신의 역량을 넘어선 일을 해 본 경험을 갖게 되면, 자신은 그 만큼 커진다. 아마 아픈 만큼 성숙해진다는 말이 이 때문에 나왔는지도 모른다. 실력이 있는 사람들은 가능한 한 어려운 일을 맡으려고 했다. 이렇게 어려운 일을 맡고 처리하면 할수록 자신의 역량이 커간다는 것을 알기 때문이다.

새로운 일을 맡는다는 것은 새로운 공부를 해야 한다는 것을 뜻한다. 반대로 할 수 있는 것만 하면 공부의 필요성을 전혀 느끼지 못한다. 실력이 있는 사람들은 새로운 업무나 과제를 맡으면 마음속으로 반긴다.

그러나 어려운 일을 맡으면서 조심해야 할 것이 있다. 절대로 '과제 확장형'은 되지 말아야 한다. '과제 확장형'이란 업무를 벌여 놓기만 하고 수습을 하지 못하는 사람들이다. 매듭을 짓지 못하기 때문에 다른 사람들에게 민폐만 끼치는 경우가 허다하다. 결국 다른 사람들의 손에 의해 과제가 해결된다. 이렇게 되면 다른 사람이 자신의 운명을 쥐고 흔드는 꼴이 된다.

3 '플로우' 환경을 만들어라

시간만 흘려 보낸다고 실력이 저절로 늘어나는 것은 아니다. 몰입의 순간을 경험할수록 우리의 실력은 콩나물 시루에서 콩나물이 자라듯 쑥쑥 자란다. 지하철에서 책을 읽으면서 너무 몰입을 해

목적지를 지나친 경험을 한두 번쯤은 해 보았을 것이다. 또는 어떤 운동이나 일을 하면서 완전히 몰입되어 시간이 언제 갔는지도 모른 경험이 있을 것이다. 칙센트미하이(Csikszentmihalyi) 박사는 이런 몰입을 '플로우(Flow)' 라는 말로 표현을 한다. '한 활동에 너무 몰두해서 다른 아무것도 상관이 없는 상태' 라는 것이다. 이런 몰입 상태에서는 자신과 주변 환경, 과거와 현재 그리고 미래 사이의 경계가 완전히 허물어진다.

왜 많은 사람들이 몰입에 대해서 관심이 많은 것일까? 이에 대합 답은 상황에 따라 달라진다. 혁신이나 창의성을 강조하는 사람들은 우리가 몰입을 경험한 순간에 가장 창의적인 아이디어가 나온다고 한다. 또 성과에 관심이 있는 사람들은 우리가 몰입을 할 때 최고의 성과가 만들어진다고 한다. 이처럼 몰입은 우리에게 중요한 의미를 가진다.

크게 3가지 조건이 충족될 때 몰입에 들어갈 수 있다. 첫째는 자신의 능력에 맞는 과제나 일에 도전을 할 때이다. 난이도와 자신의 실력이 균형을 이룰 수 있다면 몰입에 이를 가능성이 커진다. 여기서 능력이란 객관적인 개념이 아니라 주관적인 것이다. 심리적으로 자신이 느끼는 능력의 정도를 뜻한다. 이는 자신감과 맥을 같이 한다고 볼 수 있다. 만일 뱁새에게 황새를 따라가라고 하면 가랑이가 찢어질 것이다. 따라서 뱁새는 좌절할 것이다. 반대로 황새에게 뱁새를 따라가라고 하면 지루함을 느끼게 될 것이다.

두 번째는 목표가 확실한 경우이다. 분명한 목표는 우리의 행동을 자극한다. 다시 말하면 그 목표를 향해 가도록 행동을 유인하는 것이다. 산삼을 캐러 산에 오르는 심마니들은 산삼이라는 목표가 명확하다. 그들은 지나가는 길에 더덕이나 도라지를 보아도 그냥 지나친다. 만일 그들이 산삼이라는 목표가 없다면 더덕이나 도라지를 보고 그냥 지나치는 일은 드물 것이다. 산삼이라는 목표가 그들을 몰입으로 이끈다. 목표가 명확할수록 몰입을 경험할 확률이 높아진다. 명확하지 않은 목표가 실력을 키우는데 가장 큰 걸림돌이 되는 것이다. 강의를 할 때 "어떤 종류의 책을 읽어야 되지요?" 라는 질문을 자주 받는다. 무엇에 초점을 맞추어 실력을 쌓을지 불분명한 경우이다. 이렇게 목표가 불분명하면 공부하면서 플로우를 경험하기 힘들 것이다.

세 번째는 지속적인 피드백이다. 이런 피드백은 자신이 목표를 향해 제대로 가고 있는가를 알려 준다. 이 피드백에 따라 자신이 현재 하고 있는 활동이 목표 달성에 도움이 되고 있는가를 알 수 있다. 이런 피드백은 정확하고 신속하게 제공되어야 그 힘을 발휘할 수 있다.

4 다른 사람의 경험도 훌륭한 선생이다

공부를 통해 실력을 쌓는다. 실력의 꽃은 무엇일까? 바로 전략적 직관력을 갖추는 것이다. 『제7의 감각』이란 책으로 잘 알려진 윌리엄 더건(William Duggan)에 따르면 '전략적 직관'이란 '오랫동안 고민하고 있던 문제를 한 순간에 해결해주는 섬광 같은 통찰력'을 말한다. 실력이 쌓이고 쌓여 높은 수준에 이르면 어느 순간 복잡한 문제들을 보는 새로운 눈이 생겨 이전에는 전혀 생각지 못했던 해결책이나 아이디어가 번쩍 떠오른다는 것이다. 더건은 혁신의 발견, 예술가의 창조적인 아이디어, 과학자들의 발견 등 좋은 아이디어가 인간의 머릿속에 떠오를 때는 언제나 전략적 직관이 작용했다고 주장한다.

예를 들어, 피카소의 불후의 명작인 『아비뇽의 처녀들』도 이러한 전략적 직관의 결과이다. 피카소는 어느 날 프랑스의 앙리 마티스를 만나게 된다. 마티스는 그때 아프리카 조각상을 품에 안고 있었다. 이날 피카소는 마치 망치로 얻어맞은 듯한 충격을 받았다고 한다. 그날 밤 바로 마티스의 화풍에 아프리카 조각상을 결합한 그림을 그리기 시작했다. 아프리카 조각상은 피카소의 그림에 거칠고 각진 형태를 덧붙였고, 얼마 후 『아비뇽의 처녀들』이 탄생하게 된다.

피카소가 기존에 있던 마티스의 화풍과 아프리카 조각상을 조합해서 자신만의 스타일을 만들어 낸 것이 바로 전략적 직관이다. 이렇듯 전략적 직관이란 통찰력을 통해 기존의 요소들을 재조합하는 것이다.

통찰이 일어나기 위해서는 기본적으로 우리 머릿속에 풍부한 데이터베이스가 있어야 한다. 데이터베이스는 자신의 경험뿐만 아니라 시대와 국경을 초월한 무수한 타인들의 경험에 의해 넓힐 수 있다.

특히 과거의 역사적인 경험이나 사례들을 충분히 공부할 필요가 있다. 이런 노력이 없이 통찰이 생기길 기대하는 것은 마치 밭에 배추씨를 뿌리지 않고 배추가 자라기를 기다리는 게으른 농부와 같다. 우리에게 잘 알려진 뉴턴도 자신이 다른 과학자들에게 얼마나 많은 빚을 졌는지를 강조한다.

"내가 더 멀리 바라볼 수 있었던 것은 거인들의 어깨 위에 올라설 수 있었기 때문이다."

이는 그가 사과나무 아래서 만유인력 법칙을 발견하기 전에 얼마나 많이 과거의 이론이나 사례에 대해서 공부를 했는가를 알려준다.

데이터베이스가 풍부하게 쌓였다고 통찰력이 생기는 것은 아니다. 더건에 따르면 냉철함이 필요하다. 자신의 편견, 선입관 같은 것들을 모두 한쪽으로 제쳐놓고 데이터베이스의 요소들을 냉철한 눈으로 바라보는 것이다. 그런 다음에야 이 요소들을 새로운 방식으로 재조합하는 통찰력이 생긴다. 이렇게 해서 새로운 아이디어가 떠올랐으면 이것을 실행할 수 있는 결단력이 필요하다. 그런데 이런 전략적 직관의 기본은 바로 풍부한 사례와 경험이라는 점을 기억해야 한다.

 **5 기업은 T자형 인재를 원한다**

지나치게 한 분야의 지식, 즉 수직적인 지식만 가지고 있으면 세상 돌아가는 줄 모르는 경우가 있다. 쿵후 수련자가 있었다. 깊은 산속에 들어가서 비가 오나 눈이 오나 밤낮으로 열심히 쿵후를 연마했다. 세월이 흘러 쿵후로는 그를 이길 자가 없었다. 그는 누구와 싸워도 이길 수 있다고 자신했다. 산에서 내려오는 길에 만나는 사람마다 자신의 쿵후 실력을 뽐냈다. 그러던 어느 날 한 나그네를 붙잡고 시비를 걸었다. 상대는 한사코 싸우기 싫다고 했다. 그러나 하도 깐죽거리며 시비를 거는 통에 나그네는 하는 수 없이 대결을 응낙했다. 그는 나그네를 앞에 두고 있는 폼을 다 잡았다. 이 광경을 한참 지켜보고 있던 나그네는 주머니 속에서 뭔가 작은 물건을 꺼냈다. 그런 다음 그를 향해서 방아쇠를 당겼다. 그는 총을 맞고 그만 주저 앉아버리고 말았다. 그러면서 혼잣말로 중얼거

렸다. "중원에는 고수가 많구나!"

　나 또한 이 이야기의 주인공처럼 내가 맡은 분야에서는 둘째가라면 서러울 정도로 스스로를 과대평가했던 때가 있었다. 그러나 이런 믿음이 슈완트(Schwandt)라는 교수를 만나는 순간 쪼그라들기 시작했다. 그는 철학, 심리학, 물리학 등 여러 학문의 영역을 자유롭게 넘나들고 있었다. 무슨 질문이 나와도 명확하게 설명했다. 또한 학문의 영역을 넘나드는 질문을 던졌다. 이런 그의 실력 때문에 그의 수업에는 항상 긴장감이 넘쳐흘렀다. 모두들 그를 가리켜 '공부 군기 반장' 이라고 불렀다. 수업을 받으면서 그렇게 작아지는 느낌을 받아 본 적은 일찍이 없었다. 그와 함께 했던 강의실을 떠나면서 지금까지 열심히 공부를 했지만 지금보다 더 다양하고 많은 공부를 해야겠다는 다짐을 했다. 그 때부터 『롬멜의 전사록』, 『진화 심리학』 등등 내 전공과는 상관없는 다양한 분야의 책을 읽어나갔다. 이렇게 다양한 책을 읽은 결과 놀라울 정도로 관점이 넓어졌다. 그러나 아직도 중원에는 고수가 많다는 것을 늘 명심하고 있다.

　슈완트 교수처럼 다양한 지식을 가지고 있으면 통찰력을 얻을

확률이 그만큼 커진다. 따라서 자신의 전문 분야뿐 아니라 다른 분
야에 대한 공부도 게을리해서는 안 된다.

경영학을 전공했다면 문학, 철학과 같은 분야로 공부의 범위를
넓혀 갈 수 있다. 얼마 전에 실력으로 존경을 받고 있는 영업국장
을 만났다. 그에게 책을 어떻게 읽어야 하는지를 물었다. 그는 웃
으면서 이렇게 말했다.

"더 많이 읽으면서 이런 것을 물어보시나요? (웃음) 굳이 이야
기하자면 그냥 많이 읽는 것이 아니라 한 번 읽은 책을 되새김질
해 보는 것이 필요합니다. 예를 들면 『그룹 지니어스』를 읽은 뒤
목차의 소제목을 음미하면서 손자병법을 생각하고 골먼의 감성경
영을 느끼게 되고 때로는 도덕경으로 들어가 노자의 도덕경을 생
각해 보았다가, 『대망』의 도쿠가와 이에야스를 연결해 보지요. 마
지막으로 『위키노믹스』까지 떠올려 봅니다. 『그룹 지니어스』라는
책 하나만 읽었는데, 벌써 대여섯 권의 책을 같이 연계해 보고 궁
금한 것이 있으면 다시 그 책을 찾아보게 됩니다. 이런 독서 방법
을 통해 더 많이 배우게 되는 것이지요. 그리고 한 분야의 지식만

가지고는 곤란합니다. 다양하게 알아야 합니다.”

  그렇다고 무조건 이 책 저 책을 마구잡이로 읽으라는 의미는
아니다. 자신의 주특기는 가지고 있어야 한다. 주특기를 갈고 닦으
면서 주변의 다양한 분야에 대해서 공부를 하라는 의미이다. 그러
면 거기서 배운 것들이 주특기를 갈고 닦는데 많은 도움이 될 것이
다. 공부란 안목을 넓히는 것이기 때문에, 다양한 분야에 관심을
가지면서 안목도 넓어진다. 다른 관점에서 볼 수 있는 눈이 자라기
때문에 다른 사람의 의견에 관대해 질 수 있다. 또한 미래를 읽을
수 있는 능력이 생기고 자신이 살아남기 위한 방법을 알 가능성이
높아진다. 지적 능력이나 전문성이라고 하는 것이 단순히 실무수
행 능력을 의미하는 것은 아니다. 이에는 다른 사람들과 함께 일할
수 있는 인간관계 능력과 복잡한 상황에서도 정확히 본질을 끄집
어내고 창의적으로 문제를 해결할 수 있는 능력까지 포함된다. 데
이븐 포트는 훌륭한 의사 결정을 내리려면 어떻게 해야 하나를 묻
는 질문에 ‘훌륭한 의사 결정이란 과학과 인문학의 조화, 분석과
직관의 조화에서 태어난다’고 답했다. 이처럼 과학과 인문학에 다

양한 지식을 가지고 있어야 한다. '통섭'을 강조하고 있는 최재천 교수는 우물의 비유를 들어 여러 가지 지식을 통합할 것을 이야기하고 있다. 깊은 우물을 파기 위해서는 서있는 자리만 파서는 안된다. 넓게 파야 깊은 우물을 팔 수 있다. 자기가 속한 학문분야만 옳고 다른 학문분야는 배척하는 잘못된 학문의 경계인식을 무너뜨려야 한다. 각 분야의 전문가들이 한 자리에 모여야 한다. 그리고 서로의 학문에 대해 자신들의 관점으로 해석하고 토론을 해야 한다. 그래야 진정한 학문의 발전이 있다고 본다.

최근 기업에서는 직원들에게 자신의 분야와 전혀 관련없는 필독서를 지정하고, 인문학이나 순수 자연과학 강연 시간을 자주 만들고 있다. T자형 인재를 원하는 것이다. T자형 인재란 자신의 전공을 살리기 위해 수평적으로 더 많은 지식과 경험을 쌓는 인재를 말한다. 회사에서 제시하는 인재상은 명확하다. 끊임없는 공부를 통해 자신의 실력을 키워가는 인재를 원한다. 회사가 원하는 인재가 되기 위해 그리고 자신의 성공을 위해 꾸준히 공부하는 모습이 필요할 것이다.

"어금니를 금으로 봉해야겠어요."

치아에 문제가 생겨 치과를 찾았다. 의사는 이것저것 검사하더니 처방을 내렸다. 나는 의사의 처방에 따르기로 했다. 그런데 문제는 여기서부터 시작이 되었다. 치료에 들어가기 앞서 마취를 했다. 그리고 어금니를 갈아내는데 마취가 안 된 듯 통증이 무척 심했다. 도저히 참을 수가 없어 의사에게 이야기했다.

"마취가 안 된 것 같아요. 통증이 무척 심하네요."

"마취가 잘 안 되는 사람이 종종 있어요. 혹시 술이 센 편이세요?"

그 순간 의사가 왜 이런 질문을 하는지 의아한 생각이 들었다. 나는 술을 거의 하지 않고 술이 센 편도 아니다. 이 말을 듣고 의사는 '술이 센 사람이 마취가 잘 안 되는 경우가 있거든요.' 의사는 조금만 쉬었다가 다시 치료하자고 했다. 그 순간의 심정은 정말 어떻게 표현할 수 없었다. 의사는 다시 기구를 갖다 댔다. 나는 심한 통증에 다시금 소스라치게 놀랐다. 이 모습을 보며 의사는 다시 말을 꺼냈다.

"참아 봐요. 치아가 약간 갈라진 경우에는 마취가 안 돼요. 그리고 특히 어금니는 잘 안 돼요."

나는 그날 도저히 치료를 받을 수가 없었다. 이틀 후 다시 하기로 약속을 정하고 집으로 돌아왔다. 그 뒤로 이틀 밤은 거의 치아를 다시 갈아야 한다는 공포감에 잠을 이룰 수가 없었다. 다시 그 병원에 갔다. 그날도 역시 마취가 안 됐다. 의사는 지난번과 같은 말을 반복했다.

나는 다시 사흘 뒤에 약속을 잡자고 하면서 병원을 나왔다. 병원에는 박사학위 증서가 멋지게 걸려있다. 나는 이 의사가 과연 치과 전문의가 맞나? 하는 의구심을 가져 보았다. 그 뒤 그 병원을 다시 찾을 용기가 없었다. 치료를 받지 않았지만 예약금을 다시 찾으러 갈 마음마저 싹 사라졌다.

다른 병원을 찾아갔다. 이 병원 의사는 먼저 다녀온 병원에서 일어났던 일의 자초지종을 다 듣고 나더니 대뜸 그럴 리가 없는데 하면서 치료를 시작했다. 그러고는 전혀 통증 없이 치료를 해 주어서 나는 행복하게 치료를 받았다. 나는 너무 감사해서 두 번이나

이 의사에게 감사편지를 보냈다. 지금도 이 의사를 생각하면 저절로 고마운 마음이 든다. 이 의사 선생님이야말로 이 분야의 진짜 수준의 전문가다. 그렇다면 무엇이 한 분야에서 최고의 전문가를 만드는가?

희소식은, 한 분야에서 최고의 전문가가 되는 데 타고난 재능은 크게 관련이 없다는 것이다. 우리 모두는 위대한 전문가가 될 수 있다. 여기서 재능은 지능지수 같은 특성을 의미하지 않는다. 어떤 특징적인 행동을 잘하는 타고난 능력을 말한다.

많은 사람들이 자신을 개발하기 위해 열심히 학습하지만 시간이 지나면서 능률은 떨어지고 어느 순간 노력마저 멈추어 버리고 만다. 그러나 소수의 사람들은 능률이 떨어지는 것에 좌절하지 않고 오랜 시간 동안 시행착오를 거치면서 자신을 더욱 개발하기 위한 노력을 한 뒤에야 드디어 위대한 전문가의 반열에 오른다. 그렇다면 위대한 전문가 반열에 오른 사람들은 어떻게 지속적인 노력을 하는 것일까?

첫째로 열심히 노력하는 것이다. 노력 없이 위대해 질 수는 없다. 만일 당신이 선천적으로 뛰어난 재능을 가진 분야가 있다 해도 노력 없이는 위대함에 다다를 수 없다. 연습 없이 높은 수준의 성과를 내는 것은 불가능하다. 메이저리그 최고 연봉을 받는 알렉스 로드리게스를 보자. 전 세계 프로 스포츠 선수 가운데 가장 많은 연봉을 받는 선수다. 그는 천부적인 재능을 갖고 있지만 그의 소속 팀 양키스에서 가장 연습량이 많은 선수로 유명하다. 그를 알고 있는 야구 선수들은 모두 한결같이 로드리게스만한 연습벌레는 본 적이 없다고 말한다. 알렉스 로드리게스는 자신의 재능에다 쉼 없는 연습을 더한 결과로 오늘날의 자리에 이른 것이다. 그 어떤 분야의 최고를 만나보더라도 모두들 똑같다.

그래서 흔히 이를 '10년의 법칙' 또는 '1만 시간의 법칙'이라고 부른다. 하루에 3시간씩 10년 동안 꾸준히 연습을 했다는 것이다. 여기서 중요한 것은 10년이란 평균이 아니라 최소한을 의미하는 것이다. 이 보다 적은 노력으로 어떤 분야에서 내로라하는 사람이 되기를 바라는 것은 요행이다. 음악이나 문학 등의 많은 분야에서 최고가 되기 위해서는 더 많은 시간이 필요하기도 하다. 위대함은 엄청난 노력을 필요로 한다. 그러나 열심히 노력하는 것만으로 충분할까? 그렇지 않다. 다시 말하면 10년이란 세월이 모두의 성공을 보장해 주지는 않는다.

두 번째는 최고들은 단순 연습이 아니라 '의도적 수련'을 한다. 이는 역량을 향상시키는 데 목표를 둔 수련이다. 그러니까 만일 재미삼아 하는 활동이나 심심풀이로 하는 활동 등은 의도적 수련이 아니다. 정신을 바싹 차리고 역량을 키우기 위해서 하는 깨어 있는 수련을 말하는 것이다.

의도적 수련에는 아주 중요한 두 가지가 있다. 먼저, 활동 결과에 대한 피드백을 받아야 한다. 예를 들어 골프 연습실에서 아무 생각 없이 골프공 10박스를 쳤다면 의도적 수련이라 부르기엔 곤란하다. 의도적 수련은 골프채를 잡고 친 공의 거리와 떨어진 위치를 계속 관찰하면서 알맞게 조정을 한다. 피드백을 통해서 다음 행동을 조정하는 것이다. 둘째는 반복 그리고 또 반복의 중요성이다. 같은 연습을 하루도 거르지 않고 지속적으로 반복한다. 비가 온다고 쉬고, 그 전날 술을 한잔 했다고 쉬고, 주말이라고 해서 쉬면 되겠는가? 끈질기게 지속적으로 하는 것이 중요한 것이다. 바이올린 연주자들을 연구해 본 결과 최고의 연주자 그룹은 1만 시간 정도의 의도적 수련을 했다. 그리고 그 밑의 그룹은 7,500시간을, 그 다음은 5,000 시간의 의도적 수련을 거쳤다. 이 같은 이야기는 의사, 보험 설계사, 그리고 운동선수에게도 모두 적용될 수 있다. 의도적 수련을 많이 할수록 더 좋은 성과를 가져온다. 유럽을 히틀러의 손아귀에서 구한 20세기의 위대한 영웅이자 웅변가인 윈스턴 처칠은 스피치 연습을 강박관념에 사로잡힐 정도로 했다. 그는 외모도 매력적이지 않았고 말까지 더듬었다. 그럼에도 불구하고 사람들에게 꿈과 희망과 용기를 불어넣었던 최고의 연설가가 될 수 있었던 것은 그의 끈질긴 노력 덕분이었다. 특히 그는 S자 발음을 잘 하지 못했는데 교정을 위해 피나는 노력을 했다. 전설적인 피아니스트였던 블라디미르 호로비츠(Vladimir Horowitz)는 '연습을 하루 쉬면 내가 알고, 이틀을 쉬면 내 아내가 알고, 사흘을 쉬면 세상이 안다' 라는 명언을 남겼다. 그는 자신의 말대로 연습벌레였다. 그렇다면 회사와 같은 조직에서 탁월한 성과를 내기 위해 얼마나 많은 사람들이 '의도적 수련' 을 하고 있을까? 결국 답은 우리 자신에게 있는 것이다. '1만 시간의 의도적 수련' 을 하는 사람들을 주변에서는 이렇게 말하지 않을까? "저 사람이 없으면 일이 안 된다. 저 사람이 하면 뭐든지 된다." 설탕을 물에 녹일 때, 한꺼번에

부어 녹이는 것과 조금씩 녹여가는 것을 비교하면 후자가 더 잘 녹는다. 이처럼 실력을 쌓는 길은 벼락치기가 아니라 조금씩 지속적으로 하는 것이다.

지식은 어느 날 갑자기 비 오는 날 미꾸라지가 시골 앞마당에 떨어지듯 하늘에서 떨어지지 않는다. 열쇠는, 바로 정신을 바싹 차리고 연습하는 것이다.

 **7 피드백은 공부하는 사람들의 아침밥이다**

사람들은 누구나 자신의 눈에는 보이지 않는 맹점이 있다. 자신의 맹점을 발견하는 일은 마치 양파 껍질을 하나하나 벗기는 것과 같아서 자신의 맹점을 알기는 쉽지 않다. 맹점을 알기 위한 방법이 바로 피드백이다. 피드백은 대단한 효과를 발휘할 수 있다. 피드백을 원하고 잘 받아들이는 사람은 자신의 역량을 한층 강화할 수 있다. 피드백을 거부하거나 회피하는 사람의 지혜는 그 사람의 한계를 뛰어넘지 못한다. 피드백에 대해서 알레르기 반응을 일

으키면 자신의 맹점을 알 기회는 영영 얻을 수가 없다.

피드백은 내가 미처 생각하지도 못했던 것을 깨우쳐 준다. 다양한 사람들로부터 피드백을 받으면 새로운 지식을 더 풍부하게 얻을 수 있다. 또한 피드백을 받을 때 처음에는 마음이 아프지만 나중에는 이것이 살이 되고 뼈가 된다.

대학생 시절 가장 기억에 남는 교수님이 있다. 그는 과제를 제출하면 일일이 빨강 사인펜으로 줄을 긋기도 하면서 피드백을 빼곡히 기록해서 주었다. 끝에는 종합적인 점수까지 매겨 주었다. 이 피드백 자료는 온통 빨강색이었다. 처음에는 내 마음도 난도질을 당한 것처럼 아픔에 젖었다. 그러나 그 아픔은 지적인 성숙을 가져 왔다. 아마 이런 것이 '아픈 만큼 성숙해 진다' 는 의미가 아닐까? 피드백을 거울삼아 다음에는 더 좋은 내용을 쓰려고 노력했다.

주의해야 할 점은 항생제를 지나치게 많이 사용하면 부작용이 따르고 점점 더 강한 항생제를 써야 약발이 받듯이 피드백을 너무 많이 받으면 피드백에 대한 면역성이 키워져 약발이 안 받는 경우 가 있다.

그래서 그 좋은 피드백 내용에 대해 거부반응을 보이곤 한다.

그러나 더 무서운 것은 이런 피드백에 대해 무감각해지고 있다는 사실을 자신이 모르고 있다는 점이다.

오히려 자존심을 앞세워 피드백을 주는 사람에 대해 마음속으로 '한마디로 아무 것도 모르면서 피드백을 하네' 라고 공격을 하도 한다. 이렇게 하면 좋은 피드백도 영양가가 없어져 버린다. 이런 것을 예방하기 위해서 군주론의 저자 마키아벨리는 "피드백은 개나 소나 아무한테서 받지 말라. 그러면 피드백의 질이 떨어진다. 피드백을 받기 위해서는 자신을 가장 잘 아는 믿을 만한 사람 중에서 몇 명을 정해서 받도록 하라. 그러면 발전이 있을 것이다."라고 충고한다.

8 닮고 싶은 사람을 만들어라

어느 날 군에 간 이등병 아들로부터 전화가 왔다. 아들은 선임 병장의 이야기를 했다. 같은 생활관에서 선임 병장과 함께 생활하는데 그에게서 많은 것을 배운다고 했다.

"병장이 그러는데 대학 생활 때에는 하루에 15시간 정도 공부를 해야 비로소 공부한다고 말할 수 있대요. 그리고 자신이 도서관에 나타나지 않았을 때에는 많은 학생들이 그 애가 왜 도서관에 안 왔을까? 라고 웅성거릴 정도가 되어야 한대요. 나도 제대하면 그렇게 대학 생활을 해야겠어요."

전화를 끊고 나는 그 병장에게 감사하는 마음을 가졌다. 입대한 지 4개월 밖에 안 된 아들에게 이렇게 많은 것을 배우게 해 주었으니 말이다.

이렇게 어떤 사람의 행동을 보고 따라 배우는 것을 '관찰학습'이라고 부른다. 밴두라와 동료들은 관찰학습의 효과를 알아보기 위해 아주 유명한 '보보 인형 실험'을 했다. 보보 인형은 오뚝이처럼 넘어지면 다시 일어나는 것이 특징이다. 실험은 두 그룹으로 나누어 진행됐다. 한 그룹은 어른들에게 아이들이 보는 앞에서 보보 인형에게 욕과 함께 폭력을 쓰게 했다. 다른 그룹은 이와는 반대로 보보 인형을 가지고 오순도순 노는 모습을 아이들에게 보여주었다.

아이들은 어떤 반응을 보였을까? 아이들이 보보 인형이 있는 놀이방에 들어갔을 때 어른 모델이 하는 것을 그대로 흉내 내었다. 폭력적인 모습을 본 아이들은 어른 모델들처럼 보보 인형에게 폭력적인 행동을 보였다. 또 한 예로, 아버지가 엄마를 때리는 모습을 보고 자란 아이들은 훗날 난폭한 아빠가 될 확률이 높다는 연구 결과도 있다. 이 모두가 호된 시집살이를 한 며느리가 시집살이를 더 시킨다는 말과도 통하는 것이 아닐까 한다.

우리는 이렇게 알게 모르게 다른 사람들을 닮아간다. 자신이 닮고 싶은 롤 모델을 만들자. 그리고 관찰하면서 모델의 장점을 자신의 것으로 체화시킬 수 있도록 노력해 보자. 관찰은 또 다른 학습 방법인 것이다.

9 잠을 잘 자는 것도 실력이다

시험지가 책상 위에 놓여 있다. 전날 밤새도록 벼락치기 공부를 했지만 머리가 돌아가지를 않는다. 문제가 눈에 잘 안 들어온다. 결국 시험을 망쳤다. 교실을 나오면서 내가 밤새 뭐했나? 하는 생각이 들었다. 학창 시절을 떠올려보면 누구나 한 번쯤은 이런 기억이 있을 것이다.

웨인(Wagne)과 그의 연구팀은 수면이 뇌 활동에 어떤 영향을 끼치는지 실험을 했다. 실험 참가자들을 세 그룹으로 나누었다. 이 세 그룹에게 주어진 과제는 여덟 자리 숫자를 간단한 규칙에 따라 다른 숫자로 변환하는 것이었다. 이 문제들에는 일종의 숨은 패턴이 있었다. 이 패턴을 발견하면 구태여 머리를 쓰지 않아도 답이 저절로 나온다. 이 패턴을 발견하는 순간이 바로 통찰력을 얻는 순간이다. 통찰력이란 이처럼 문제를 해결할 수 있는 방법을 찾아내는 능력이다. 물론 참가자들에게는 숨은 패턴이 있다는 것을 알리지 않았다. 연구자들은 세 그룹 중 어느 그룹이 이런 패턴을 잘 발견하는가에 관심이 있었다.

먼저 이 세 그룹에게 문제를 풀기 전에 똑같이 세 블록씩 푸는 훈련을 했다. 그림에서 보는 바와 같이 세 그룹 중 두 그룹은 저녁에 훈련했다. 그리고 훈련이 끝나면 한 그룹은 잠을 자고 다른 그룹은 잠을 자지 않은 채 뜬눈으로 밤을 새웠다. 세 번째 그룹은 오전에 훈련을 하고 낮잠을 재우지 않았다. 그런 뒤에 다시 열 블록의 문제를 풀게 했다. 과연 결과가 어떠했을까?

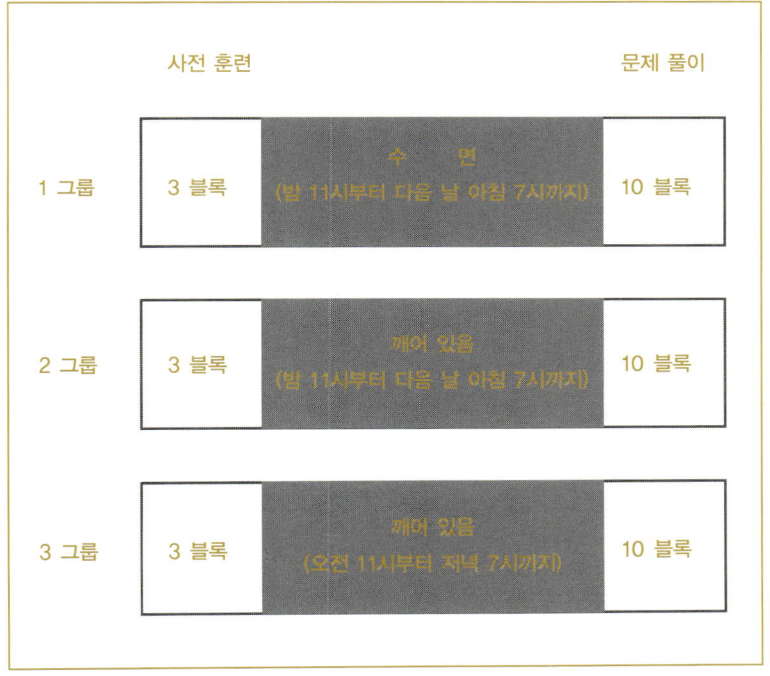

결과는 놀라웠다. 문제 풀이 훈련을 하고 밤에 수면을 취한 뒤 다음 날 테스트를 받은 첫 번째 그룹의 경우 무려 참가자의 59%가 패턴을 발견했다. 훈련 후 잠을 자지 못한 두 그룹은 25%의 참가자들만이 패턴을 발견했다. 수면은 통찰력을 얻는 가능성을 무려 2배 이상이나 증가시킨 셈이다.

여기서 이런 의문이 들 것이다. 그렇다면 패턴을 발견한 것이 잠을 자면서 잘 쉬었기 때문인가? 쉽게 이야기하면 사전에 연습이나 훈련 없이 잠만 잘 자면 문제를 잘 풀 수 있는 것인가? 이를 확인하기 위해서 그룹을 나누어 실험했다. 이번에 참가하는 이 두 그룹들은 앞의 그룹과 달리 사전에 문제 푸는 훈련을 받지 않았다. 첫째 그룹은 밤에 잠을 잔 뒤, 나머지 한 그룹은 낮에 일상 활동이 끝나고 문제를 풀었다. 그 결과는 이 두 그룹 모두 사전에 훈련을 하고 잠을 잔 뒤 문제를 푼 그룹에 비해서 패턴을 발견하는 확률이 낮았다. 문제풀이에 앞서서 사전에 훈련이 없으면 단순히 잠을 자는 것만으로는 큰 도움이 안 된다는 것이다. 수학시험을 보는데 공부를 하지 않고 잠만 잘 잔다고 해서 잘 풀 수는 없는 것과 같은 이치일 것이다. 이 연구를 통해 문제에 대한 훈련이나 연습을 통해서 얻어진 정보들이 잠을 자는 동안에도 자연스럽게 머릿속에서 정리된다는 사실을 알게 됐다.

따라서 창의적인 생각과 혁신을 위해서 밤을 지새우는 행동은 피해야 한다. 또는 새벽녘까지 술을 마시다 집으로 돌아가 자는 둥 마는 둥하고 회사에 출근해서 일을 하는 것은 금물이다. 왜냐하면 수면하는 동안 창의성이 꽃필 수 있기 때문이다. 수면시간을 잘 활용하면 많은 성과를 얻을 수 있다. 먼저 잠자리에 들기 전에 머리맡에 종이와 펜을 준비한다. 잠시 눈을 감고 앞으로 해결해야 할 문제를 적는다. 한 두 줄이면 된다. 방금 전에 적은 문제에 대해서 잠시 생각한다. 그리곤 잠을 청한다. 아침에 일어나서 머릿속에 생각나는 것을 적는다. 그 효과에 감탄하는 경우가 많다. 학창 시절 공부하다가 책을 베고 자는 경험을 해봤을 것이다. 그 때는 변명으로 자면서 책 속의 내용을 빨아들였다고 했지만 지금 생각해 보면 일리가 있는 말인 듯싶다.

10 '지식의 저주'의 덫에 걸리지 말라

학습을 통해 얻은 지식을 다른 사람에게 전달할 때 지식은 더욱 커질 수 있다. 그런데 지식을 전달할 때 '지식의 저주' 때문에 오히려 대화가 잘 안 될 수도 있다. 병원에서의 예를 보자.

큰 병원은 예약하기도 힘들다. 십여 일을 기다리다 병원에 간다. 대기표를 뽑아 들고 한참이나 기다린다. 이윽고 자신의 이름을 부른다. 의사는 환자를 쳐다본다. 어떻게 오셨나요? 환자는 자신의 증상을 설명하고 있는데 의사는 말을 가로막더니 메모를 한다. 처방전이다. 병명을 물으니까 설명을 한다. 그런데 설명을 듣고 나서도 제대로 이해가 안 간다. 무슨 이야기를 들었는지도 모른 채 나가라는 말을 듣는다. 1분 정도의 시간이 흘렀을까? 의사는 내 병을 알고서 제대로 처방전을 내린 것인가? 글쎄 나의 병의 원인이 무얼까? 다시 의사를 만나서 물어 보고 싶은 충동이 생긴다. 어떤 경우에는 다음 환자가 나오기가 무섭게 뛰어 들어가 다시 의사에게 묻기도 한다. 선생님, 제 병의 원인은 무엇인가요? 의사는 다시 간단히 설명한다. 여전히 이해가 안 간다. 환자가 묻는다. 원상회복이 되나요? 의사는 답한다. ‘비가역적이에요.’, ‘약을 먹지 않으면 리바운드되니까 꾸준히 먹어야합니다.’ 보통의 환자는 이 의사의 말을 얼마나 알아들을 수 있을까? 아마 의사는 속으로 이렇게 생각할지도 모른다. ‘저 환자는 이해력이 저렇게 떨어지는지 모르

겠어. 나는 다 아는 건데…'

　이런 현상은 바로 '지식의 저주' 때문에 일어난다. 간단히 실험을 해 볼 수 있다. 실험은 이렇다. 한 사람에게 '송아지', '산토끼', '아리랑', '애국가', '퐁당퐁당' 등 누구나 알 수 있는 노래 제목을 알려준 뒤 펜으로 노래의 리듬에 따라 책상을 두드리면서 연주를 하게 하고 나머지 사람들은 어떤 노래인지 맞추도록 했다. 연주 전 사람들에게 노래를 몇 개나 맞힐 수 있는지 물어 보았다. 다들 반 이상은 맞힐 수 있다고 자신한다. 먼저 송아지를 볼펜으로 두드리며 연주 하자 사람들은 '과수원 길, 동백 아가씨, 둥지, 병아리' 아주 다양한 답을 했다. 결과는 10곡 중 겨우 2곡의 제목을 맞혔다. 연주자는 '이렇게 쉬운데 겨우 2곡밖에 못 맞히다니 이해할 수 없다.' 라고 소감을 이야기했다. 뉴튼의 실험에 따르면 사람들은 연주곡의 50% 정도를 맞힐 것이라고 예상치를 말했지만 120곡 중에 평균 3곡만을 맞혔을 뿐이다. 듣는 사람들은 2.5% 밖에 못 맞힌 것이다.

　이것이 바로 지식의 저주다. 연주자는 리듬을 두드리면서 앞에 앉아 듣는 사람들이 이 노래를 충분히 알 것이라고 생각한다. 그러나 듣는 사람들은 단지 똑똑 소리만 듣게 된다. 연주자는 머릿속으로 노래를 부르면서 리듬을 두드리기 때문에 듣는 사람이 단지 똑똑 소리만 듣는다는 것을 생각하지 못한다. 즉 자신이 어떤 것을 알면 거기에 사로 잡혀 다른 사람들도 이를 알고 있을 것이라고 생각한다는 것이다. 그러나 상대방은 백지상태다. 이 같은 지식의 저주 때문에 남에게 열심히 설명했을 때, 상대방이 이해를 못하는 경우가 빈번한 것이다.

지식의 저주라는 덫에 갇히지 않으려면 대화를 나눌 때 상대방이 이해할 수 있는 언어를 사용해야 한다. 그렇지 않으면 현대전에서 말과 화살을 가지고 미사일로 무장한 적군과 싸우면서 왜 지는지 의아해 하는 것과 마찬가지 결과를 가져 온다. 내가 많이 안다고 해서 상대방도 알 것이라는 착각은 버려야 한다. 좀 안다고 까불어서는 안 된다는 것이다.

네 살배기 아이들도 어른에게 말할 때보다 자기 또래의 아이들에게 말할 때 짧고 단순한 문장을 쓴다고 한다. 이는 듣는 사람의 관점을 고려하기 때문이다. 언제나 상대방이 부탁하면 자세하게 설명한다. 물론 질문을 한 사람도 이해가 가지 않을 경우 "조금 전에 하시던 설명이 잘 이해가 되지 않아요." 또는 "좀 더 쉬운 말로 설명해 주실 수 있나요?"라고 말할 수 있도록 스스로 연습해야 한다. 상대가 마음을 상하지 않도록 예의 바르게 인내하고 질문을 하는 것이 중요하다. 아주 열심히 프리젠테이션을 했는데 상대방이 한 질문이 조금 전에 한 프리젠테이션 내용을 전혀 이해하지 못한 듯한 경우가 많다.

이럴 때 상대를 탓하기 전에 먼저 자신부터 되돌아보자. 혹시 내가 지식의 저주에 빠져있는 것은 아닌가? 괜히 뽀대 있는 전문 용어를 써가며 혼자서 떠든 것은 아닌가? 이는 일종의 언어 폭력과 같은 것이다. 4살짜리 아이와 같이 상대의 눈높이에 맞추어 이야기를 하자. 진짜 실력이 있는 사람은 상대를 이해시키는 사람이다.

결론… '지금'은 '선물'이다

중국 『맹자』 이루(離婁)편에 '七年之病 求三年之艾'(칠년지병 구삼년지애) 라, 즉 '7년 된 병에 3년 묵은 쑥을 구한다' 는 말이 있다.

옛날에 어느 시골마을에 날로 쇠약해져 가는 어머니가 있었다. 그 어머니 옆에는 효심이 깊은 아들이 있었다. 아들은 동네에서 용한 한의사를 찾아갔다. 그 의사는 진맥을 하고 여러 곳을 살피더니 어머니의 목숨을 구하기 위해서는 3년 묵은 말린 약쑥으로 뜸을 떠야 한다고 말했다. 이 말을 들은 아들은 3년 된 말린 약쑥을 구하느라고 전국을 헤매고 다녔다. 눈이 오나 비가 오나 바람이 부나 아들의 그 쑥을 향한 마음은 수그러들지 않았다. 그러나 쑥을 구할 길이 없었다. 그러나 아들은 포기 하지 않고 찾아 다녔다. 이러는 사이 어언 3년이란 세월이 흘러가 버렸다. 그리고 어머니는 이런 아들의 애타는 마음을 접어두고 그만 3년이 지나서 저 세상으로 떠나버렸다. 아들은 슬피 울었다. 이렇게 슬피 울면서 아들은 참으로 후회스러웠다. '3년 전에 자신이 약쑥을 따서 말려 놓았더라면 어머니는 사실 수 있었을 텐데…' 그렇게 하지 못한 것이 너무도 후회스러웠다. 약쑥을 찾아다니느라 정신이 다 팔려있었지 약쑥을 따서 자신이 말릴 생각은 하지 못했던 것이다. 한의사 말을 듣고 바로 그때부터 준비했더라면 얼마나 좋았을까? 그는 목놓아 울었다.

　여기서 중요한 포인트는 지금 이 순간이 중요하다는 것이다. 톨스토이의 글에 이런 대목이 나온다. "중요한 순간은 바로 '지금'이라는 사실입니다. 지금이 가장 중요한 이유는 우리가 영향력을 행사할 수 있는 유일한 시간이기 때문입니다. 또한 가장 중요한 사람은 지금 당신과 함께 있는 사람입니다. 그 누구도 자신이 앞으로 어떤 사람과 인간관계를 맺게 될지 모르기 때문이지요. 그리고 가장 중요한 일은 함께 있는 그 사람에게 선을 행하는 것입니다. 인간이 이 세상에 온 유일한 이유가 바로 그것이기 때문이지요."

　「쿵후 팬더」란 영화가 있다. 평화의 계곡에서 아버지는 국수가게를 하고 있다. 이런 아버지는 '포'에게 가업의 대를 잇게 하고 싶어 국수의 비법을 알려 주려고 하지만 포는 전혀 관심이 없다. 오로지 쿵후에만 관심 있다. 이런 와중에 그는 '우그웨이'라는 사부를 만난다. 사부는 포가 가진 잠재력을 꿰뚫어 보고 안다. 그리곤 쿵후의 비법을 전해 주려고 한다. 그러나 포는 이런 능력이 자신의 몸에서 숨쉬고 있다는 것을 깨닫지 못한다. 형편없는 쿵후 실력에 낙담을 하고 있는 포에게 사부는 말한다.

"어제는 지나간 역사이고, 미래는 알 수 없는 수수께끼란다. 하지만 오늘[today]은 선물[gift]이지. 그래서 오늘[present]을 선물[present]이라고 부르지."

영어에서 'present'라는 단어는 '현재'라는 뜻도 있지만 '선물'이란 의미도 있다. 이렇듯 현재는 우리에게 너무도 소중한 선물이다. 그러나 사람들은 현재의 소중함을 자주 잊곤 한다. 지금 열심히 일하고 이다음에 여가 생활을 하면서 실컷 놀아야지 하는 사람들을 주변에서 본다. 그러나 과연 이런 사람들을 위해서 미래가 기다려 줄까? 그렇지 않은 경우가 많다. 그 때가 되면 건강이 나빠질 수도 있고 몸이 피곤해서 멀리 다닐 수 없을지도 모른다. 뭔가 하고 싶은 일을 생각해 놓고도 오늘은 몸이 피곤해서, 기분이 좋지 않아서, 혹은 지금 하는 일에 신경이 쓰여서 등 스스로에게 여러 가지 이유를 대며 시작하지 않는다. 이 순간부터 자신을 단련할 수 있는 뭔가를 찾아서 실천해 보자. 가장 어리석은 사람은 아인슈타인의 말대로 같은 행동을 반복하면서 결과가 다르게 나오기를 바라는 사람이다. 지금과 다른 결과가 나오기를 원한다면 지금 씨앗을 뿌려라.

맺는 말

봄이 되면 땅에서는 병아리들이 일렬종대로 엄마 닭을 졸졸 따라 다닌다. 호수에서는 갓 부화한 오리 새끼가 엄마 오리를 따라 다닌다.

오스트리아의 로렌츠는 이런 모습을 보고 어느 날 재미있는 실험을 했다. 오리 알을 두 그룹으로 나누었다. 첫 번째 그룹의 알은 엄마 오리가 품어서 부화하게 했다. 두 번째 그룹의 알은 로렌츠가 인공부화기에 넣어 부화를 시켰다. 이 두 그룹 간에 부화한 새끼들이 어떤 행동의 차이를 보일지 궁금했다.

첫 번째 그룹의 새끼들은 자신을 품었던 엄마를 졸졸 따라 다

넜다. 두 번째 그룹의 새끼들은 부화한 후 처음 본 움직이는 대상
인 로렌츠를 어미로 알고 졸졸 따라 다녔다. 태어나 처음 본 형상
을 기억하는 본능적인 행동을 '각인'이라고 한다. 다른 말로 표현
하자면 오리가 어떤 결정적인 시기에 생존을 위해 학습을 한 셈이
다. 이 학습은 매우 빠르게 일어나며 돌이킬 수 없다. 마치 스탬프
나 도장을 찍으면 잘 지워지지 않고 오래 가듯이 이런 행동은 지속
되는 것이다. 두 번째 그룹의 새끼들은 알을 낳은 자신의 어미 오
리를 보고도 따라가지 않고 오히려 로렌츠를 계속 따라 다녔다. 이
는 부화 후 초기에 일어나는 각인이 얼마나 중요한가를 일깨워준
다. 여기서 중요한 것이 또 있다. 바로 각인이 일어나는 시기이다.
이 시기를 '결정적 시기'라고 한다. 오리의 경우는 부화 후 36시간
으로 13시~16시간이 가장 민감했다.

새로운 조직이나 새로운 업무를 맡고 나서 다른 사람들에게 어
떻게 그 존재를 각인시킬 것인가? 또한 결정적인 시기는 언제인
가?

먼저 결정적인 시기는 90일이라고 이야기하는 사람이 많다. 하
버드 대학의 존 가바로(Jchn J. Gabarro) 박사는 90일 이내에 가

시적인 성과를 보이면 그 사람은 역량 있는 사람으로 각인된다는 것이다. 90일이 지나고 6개월이 지나도 제대로 된 성과를 보이지 못한다면 그 이후에 좀 더 큰 성과를 낸다 해도 각인이 잘 되지 않는다. 그런 의미에서 초장에 성과를 내서 각인시키는 것이 중요하다. 그렇다면 무엇으로 각인시킬 것인가? 간단한 문제는 아니다.

그러나 가장 중요한 것은 회사가 원하는 바를 각인시키는 것이다. 어떤 사람들은 그냥 부서나 회사에서 별로 중요하지 않은 것에 초점을 맞추어 일을 한다. 이렇게 해서는 자신의 존재를 각인시키는 데 한계가 있다. 진짜 실력은 조직이 필요한 곳에서 발휘될 때 그 빛을 더 발휘한다.

유연하고 개방적인 사고방식으로 새로운 아이디어를 받아들이고, 다양한 네트워크를 만들어 아이디어가 지속적으로 들어오게 하는 것, 인생은 삼세판이 아니라 한판이므로 늘 긍정적으로 세상을 보며 즐겁게 사는 것, 관심과 배려와 사랑하는 방법을 아는 인간미 넘치는 사람이 되는 것, 그리고 지속적으로 학습하여 실력을 키우는 것, 이 다섯 가지 원칙으로 나의 존재를 뚜렷하게 각인시킬 수 있다.

성공의 다섯 가지 원칙을 실행하여 이제 나만의 발자취를 남겨
보자.